New Health Care Management

Q&A「科学的介護」を現場で実現する方法

2021年度改正介護保険のポイント早わかり

田中 元 介護福祉ジャーナリスト
Hajime Tanaka

ぱる出版

まえがき

21年目を迎えた介護保険、今回の改正で変わったポイントをスッキリ解説!!

介護保険制度がスタートしてから、2021年4月で21年目を迎えました。

3年に1度となる定期の報酬・基準改定は7回目となり、その時々の利用者の状況や現場の動向、財政上の課題などを受けて、制度上のしくみは大きく様変わりしています。

当然ながら、この「様変わり」は、現場の実務に大きな影響を与えます。ようやく新たなしくみに慣れてきたと思ったら、すぐに次の改定がやってくる。事業者の運営計画は報酬のアップ・ダウンに振り回され、現場の従事者は「新たにやるべきこと」のために仕事のやり方やスキルアップの方向性を見直さなければなりません。

加えて今回は、2020年初頭からの新型コロナウイルス感染症の拡大により、サービス提供をめぐって現場は強い緊張感の連続となっています。

●これまでにない業務改革の波をどう乗り切るか?

このように現場の実務負担もますます高まる中、今回の改定では「これまでの介護サービスのあり方」を根本から変えかねない改革がプラスされました。

それが、**新たなデータベース「LIFE」を活用した「科学的介護の推進」**です。

基準上で厳しいルールが設定されたわけではありませんが、多くのサービスで「利用者の自立支援」に向けた報酬上の評価が、「科学的介護」のもとに塗り替えられました。

何よりデータベースへの情報提供に向けて、情報通信技術（ＩＣＴ）の活用などが報酬算定上で必須のものとなりつつあります。事業者、そして現場の従事者にとっては、これまでにない業務改革の波にさらされるわけです。

この大波を乗り切るには、「科学的介護」を中心とした今改定の中身をいち早く吸収し、現場の実務風土の中に定着させていかなければなりません。

複雑かつ難解なしくみについて、現場として「具体的に何を・どうやって進めればいいのか」――これをできるだけかみ砕いて解説したのが本書です。

科学的介護はまだ始まったばかりです。より大きな改革が予想される２０２４年度の改定も見すえつつ、業務の土台を固めることに活用していただければ幸いです。

２０２１年５月

介護福祉ジャーナリスト　田中　元

2021年度改正介護保険のポイント早わかり

Q&A「科学的介護」を現場で実現する方法

もくじ

プロローグ　2021年度の介護報酬・基準改定のポイントはここをチェック!!

第1章
Q&Aでわかる 科学的介護のしくみってどうなってるの？

第2章
Q&Aでわかる 科学的介護に関連した加算の算定のしくみ

第3章 Q&Aでわかる 科学的介護に向けた現場の体制づくり

第4章 Q&Aでわかる

科学的介護に向けたLIFE操作の進め方

第5章 Q&Aでわかる 科学的介護が求めるPDCAサイクルの回し方

プロローグ

2021年度の介護報酬・基準改定のポイントはここをチェック!!

1 複雑かつ広範囲な改定を「縦軸」「横軸」で整理

２０２１年４月から、新たな介護報酬・基準が適用されています。

今改定は、過去の改定以上に複雑であるとともに、広範囲のサービスでまたがる内容も多いのが特徴です。現場としては、理解し対応するのにかなりの負担を要しているでしょう。

そこで、まずは今改定の全体像をすっきりと整理してみましょう。

今改定には、大きく分けると２つの「軸」があります。


1つは、2025年に介護保険が直面する課題に向けて、過去の改定から着々と進められてきた中長期的な視野に立った対応です。これを「縦軸」とします。


２０２５年は、団塊世代が全員75歳以上となる年です。認知症や身体的に重度の人が増えることへの対応に加え、いかにして自立支援・重度化防止を進めるかが課題となります。その対応に見合うだけの人材確保や業務改革、財政の健全化も図らなければなりません。

ところが、その「縦軸」の遂行に向けては、近年いくつかのハードルが浮上しています。


昨年来からの新型コロナ感染症や、毎年のように業務継続に支障をもたらす自然災害などです。


これら、どちらかといえば緊急的な対応にも取り組むがあります。

これが２つめの「軸」です。「縦軸」に差し込まれた「横軸」と考えていいでしょう。

2021年度改定の全体像はどうなっているか？

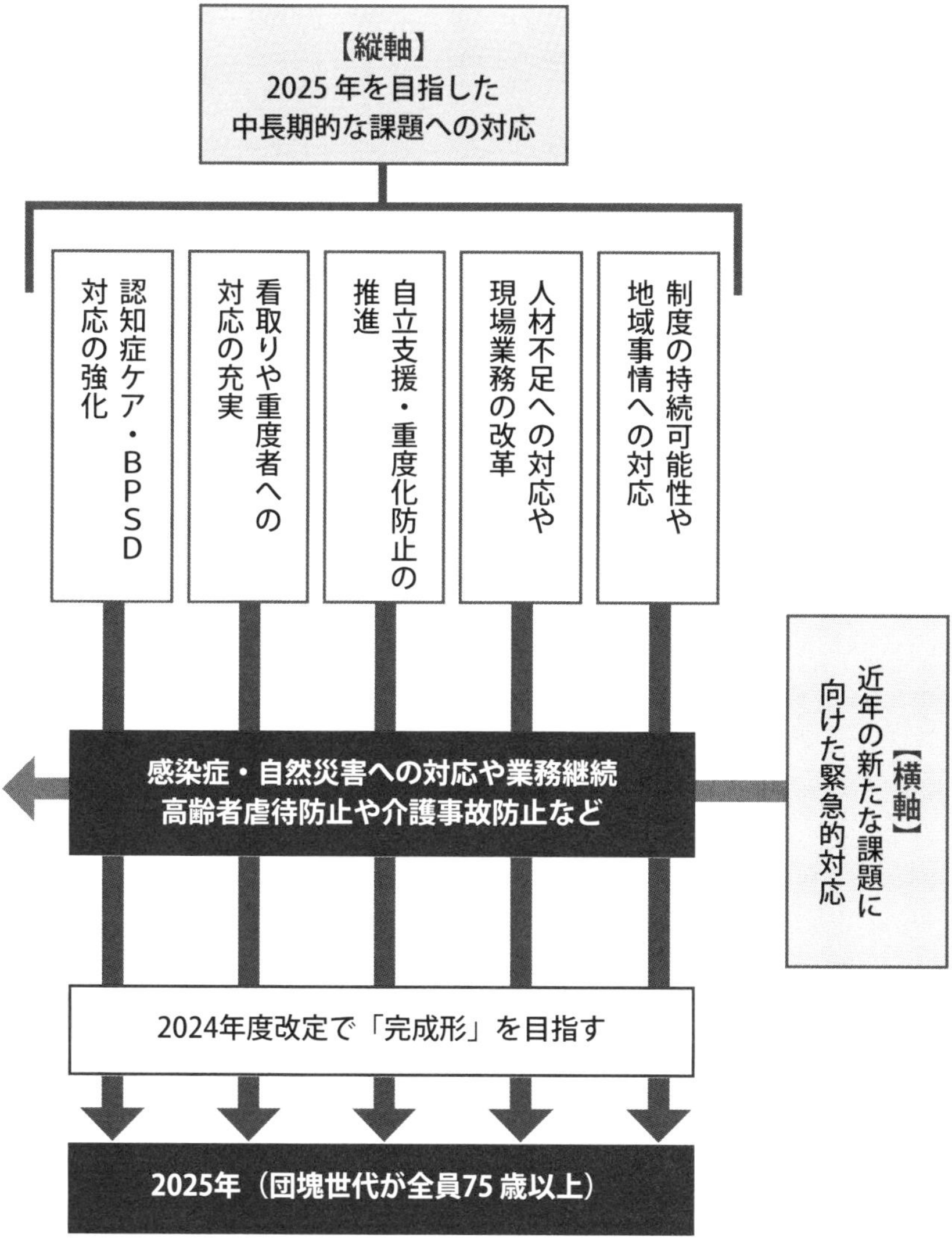
【縦軸】
2025年を目指した
中長期的な課題への対応
認知症ケア・BPSD対応の強化
看取りや重度者への対応の充実
自立支援・重度化防止の推進
人材不足への対応や現場業務の改革
制度の持続可能性や地域事情への対応
感染症・自然災害への対応や業務継続
高齢者虐待防止や介護事故防止など
【横軸】
近年の新たな課題に向けた緊急的対応
2024年度改定で「完成形」を目指す
2025年（団塊世代が全員75歳以上）

2 「縦軸」課題への対応に向けた、加算の見直しや基準の緩和

２０２５年の「縦軸」課題に向けて、具体的にどのような対応が行われたのでしょうか。課題ごとの改定の方向性をおおまかに整理すると、以下のようになります。

①認知症の人の増加への対応やＢＰＳＤの改善

…認知症ケアスキルの底上げや、専門性の高いケア・ＢＰＳＤ対応への評価を拡大

②看取りを含めた重度者の尊厳確保

…看取り系加算の評価期間の拡大や、重度者の寝たきりおよび廃用を防ぐための取り組み強化

③自立支援・重度化防止に資する取り組み

…エビデンスに基づいた科学的介護の導入や、口腔・栄養などの取り組みの一体的推進

④人材不足の中での離職防止や業務の効率化など

…継続勤務を評価した加算のあり方や、ＩＣＴ活用等の業務改革による定員・人員の緩和

⑤報酬体系の簡素化や地域の実情に沿った対応

…サービス実態に沿った報酬体系や加算の見直し、地域ごとの指定要件・加算等の柔軟化

これらは、２０１２年度の改定あたりから少しずつ積み上げてきた流れです。

そして、２０２５年の直前となる２０２４年度改定を一つの「完成形」とするのであれば、今改定は「肉づけ」前の「骨格」をくみ上げる作業と言っていいでしょう。

「縦軸」課題への具体的な対応（例）

認知症ケアの底上げ BPSDへの対応強化	●無資格者に認知症介護基礎研修を義務づけ ●認知症専門ケア加算を訪問系にも適用 ●BPSD悪化時の緊急受入れの要件等緩和
看取り期のケアや重度者の尊厳保持等の充実	●看取り期における本人の意思尊重の取り組み ●看取り系加算の算定開始を、さらに早期から ●施設で「寝たきり」防止のための新評価
自立支援・重度化防止に向けた取り組み強化	●エビデンスに基づいた科学的介護の推進 ●口腔・栄養の改善に向けた一体的な取り組み ●状態改善に向けたアウトカム評価の拡大
人材不足の中での離職防止や業務改革など	●職場環境改善や加算上の勤続年数評価など ●ICT等の活用による業務負担の軽減を促進 ●業務改革を通じた定員・人員配置基準の緩和
制度の持続可能性や地域事情への配慮	●報酬体系の簡略化・包括報酬のしくみ拡大 ●サービスの提供実態に応じた評価の見直し ●地域区分見直しや特別地域加算等の算定拡大

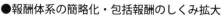

3 「横軸」課題への対応に向けた、「現場がやるべきこと」の強化

「縦軸」対応を遂行していくうえで、介護現場にのしかかるさまざまな困難にどのように立ち向かえばいいか。そのための現場の体質強化を図る取り組みが「横軸」となります。

①（新型コロナをはじめとする）感染症への対応
…感染対策のための取り組みの義務化や、新型コロナ対応を考慮した報酬上の特例など

②感染症や自然災害における業務継続の取り組み
…業務継続計画（ＢＣＰ）の策定の義務化や、地域との連携強化を図る規定など

③介護事故防止に向けた取り組み強化
…施設系サービスで安全対策に絡んだ減算や加算、専属の担当者の配置義務化など

④高齢者虐待の防止に向けた取り組み強化
…現場における虐待防止のための委員会開催や指針策定、研修実施等の義務化

特に①、②、④については、全サービスを対象とした基準改定も行なわれています（共通の基準改定については、３年の経過措置あり）。このあたりを見ても、サービスの隔てなく「横軸」を通した改革を一気に進めようとしていることが分かります。

ただし、「やるべきこと」が増えるとなれば、現場の実務負担も増えることになります。その分、基本報酬が引き上げられましたが、負担に見合う水準かどうかには注意が必要です。

「横軸」課題への具体的な対応（例）

感染症や自然災害への対応強化	●全サービス対象に、平時からの感染対策義務化（※①）（委員会開催や指針策定、研修・訓練） ●災害発生を想定した訓練への住民参加に努める ●新型コロナ感染症対応に配慮した報酬上の特例
感染症や自然災害を想定した業務継続の推進	●全サービスを対象に、平時からの業務継続に向けた取り組み義務化（※①） （業務継続計画【BCP】の作成、研修など）
高齢者虐待防止の推進	●虐待防止に向けた取り組みの義務化 （※①）（委員会開催、指針の整備、研修の実施、担当者の配置─取り組みを運営規定に明記）
介護事故防止に向けた取り組み強化【施設系】	●介護事故防止の取り組み（委員会や研修実施など）に向けた担当者配置（※②） ●取り組み未実施の際の減算１日５単位（※②） ●外部研修を受けた担当者の配置や安全対策部門の設置を評価した新加算１回20単位

※①…３年の経過措置あり　※②…６か月の経過措置あり

4 「縦軸」内で、もっとも大きな改革となるのが「科学的介護」

「縦軸」の流れを、原則としてサービスの隔てなく貫くのが「横軸」。これが、今改定の構図です。注意したいのは、「縦軸」の中にも、多くのサービスを巻き込んだしくみが誕生したことです。それが「自立支援・重度化防止への対応」であり、中でも「科学的介護の推進」は、あらゆるサービスの業務風土を塗り替えてしまうほど大きいものです。

この「科学的介護」を一言でいえば、自立支援・重度化防止に向けて、科学的根拠（エビデンス）に基づいた介護を進めることです。そのエビデンスを構築するために活用されるのが、国の運営するデータベース（ＣＨＡＳＥやＶＩＳＩＴ、両者を一体化したＬＩＦＥなど）です。

今改定では、このデータベースへのデータ提供や、データベースからのフィードバックを受けて現場のケアに活かすことを評価するしくみが数多く誕生しています。

注目は、訪問系以外の多くのサービス共通で誕生した「**科学的介護推進体制加算**」です。この加算を土台とし、そこに積み上げる形で自立支援・重度化防止系のさまざまな加算に、やはり先のデータベースとの連携を要件とした新区分等が生まれています。

さらに基準上でも、各種ケア計画の策定や実践に際して、データベース（ＬＩＦＥ）を活用したケアを「努力義務とする」規定が定められました。また、ＬＩＦＥへのデータ提供についても「推奨する」としています（居宅介護支援除く）。

「縦軸」での大テーマ「科学的介護の推進」にかかる改定

		機能訓練	リハビリ	その他	栄養	口腔	薬剤
通所系・多機能系・居住系	事業所単位	LIFE（CHASE＋VISITの一体運営）へのデータ提供とDBからのフィードバックの活用によるPDCAサイクルの推進を評価【科学的介護推進体制加算】					
	各サービス・加算別	ADL維持等加算、個別機能訓練加算	リハビリ・マネジメント加算		栄養アセスメント加算	口腔機能向上加算	
		関連加算に、LIFEとのデータ連携を評価した新区分など					
施設系（一部看護小多機含む）	施設単位	LIFEへのデータ提供とDBからのフィードバック（薬剤情報等も含む）の活用によるPDCAサイクルの推進を評価【科学的介護推進体制加算】					
	各サービス・加算別	ADL維持等加算、個別機能訓練加算	リハビリ・マネジメント計画書情報加算など	褥瘡マネジメント加算、排せつ支援加算、自立支援促進加算	栄養マネジメント強化加算	口腔衛生管理加算	かかりつけ医連携薬剤調整加算など
		関連加算に、LIFEとのデータ連携を評価した新区分など					

＋

【基準改定】全サービス（訪問系含む）で、ケア計画作成時等での
LIFEデータ活用やPDCAサイクルの推進を努力義務化

LIFEへのデータ提供については「推奨」
（居宅介護支援を除く）

コラム1

施設系等で特に注意したい――「報酬体系の簡素化」

今改定の「縦軸」改定で、現場の実務にもっとも大きな影響を与えるといえば、やはり「科学的介護の推進」を一つの軸として「自立支援・重度化防止の取り組み」が強化されたことでしょう。

この場合、注目が集まりやすいのは「報酬上の加算」ですが、「運営基準の見直し」にも注意しなければなりません。

特に、「報酬体系の簡素化」というもう一つの「縦軸」テーマが加わることで、運営基準のハードルが上がった点がポイントです。

言い換えれば、①加算の一部を廃止して基本報酬に組み込み（報酬提携の簡素化）、②廃止した加算の要件を運営基準に格上げする（自立支援・重度化防止の取り組み強化）というやり方です。

廃止された2つの加算の代わりに……

具体的には、施設系サービスに適用されていた「口腔衛生管理体制加算」と「栄養マネジメント加算」があげられます。自立支援・重度化防止の取り組みのうち、現場で口腔機能の向上と栄養改善を進めるための加算ですが、いずれも今改定で「廃止」されました。

たとえば、前者の口腔衛生管理体制加算ですが、ここで要件とされていた「歯科医師・歯科衛生士による、介護職員への年2回以上の技術的助言・指導」が、運営基準に組み込まれました。

つまり、これまでの加算の算定意図があったか否かにかかわりなく、すべての施設で「やらなければならないこと」になったわけです。従えなければ、都道府県による指導・監査等の対象となります。（後者の「栄養マネジメント加算」では減算が適用されます）。

いずれも3年の経過措置が定められましたが、今改定では、こうした「基準上の実務の底上げ」が随所に見られます。

第1章

Q&Aでわかる
科学的介護のしくみってどうなってるの？

Q1 「科学的介護」とは、そもそもどんなもの?

A 科学的な根拠にもとづき、利用者の自立支援・尊厳保持を実現する介護のこと

介護保険制度の理念は、高齢者の尊厳を保持し、自立した日常生活を支援することです。では、どうすれば「尊厳の保持」や「自立の促進」が実現できるのでしょうか。

介護現場では、さまざまな取り組みが行なわれています。経験を積んだ職員が、部下や後輩に「こういう介護をすれば尊厳保持・自立支援に効果がある」と指導することもあるでしょう。

しかし、「本当にそうなのだろうか」と思うケースも少なくないかもしれません。

「何となく効果はありそうだ」と感じても、客観的な指標(物差し)で示されなければ、「効果がある」と断言することはできません。効果が断言できなければ、その介護が正しいのかどうかを検討する手がかりもあいまいになってしまいます。

国民の保険料や税金で成り立つ制度としては、心もとないという批判も出そうです。

そこで、客観的な指標にもとづいたデータを蓄積し、それを分析したうえで「こうすれば、こうなる」という根拠(エビデンス)を見出すことが求められています。

この根拠にもとづいた介護のことを「科学的介護」といいます。

この「科学的介護」を実現するには、さまざまな利用者データを現場から集めて分析するしくみを築かなければなりません。今、国が進めているのは、このしくみづくりです。

「科学的介護」に向けたしくみとは?

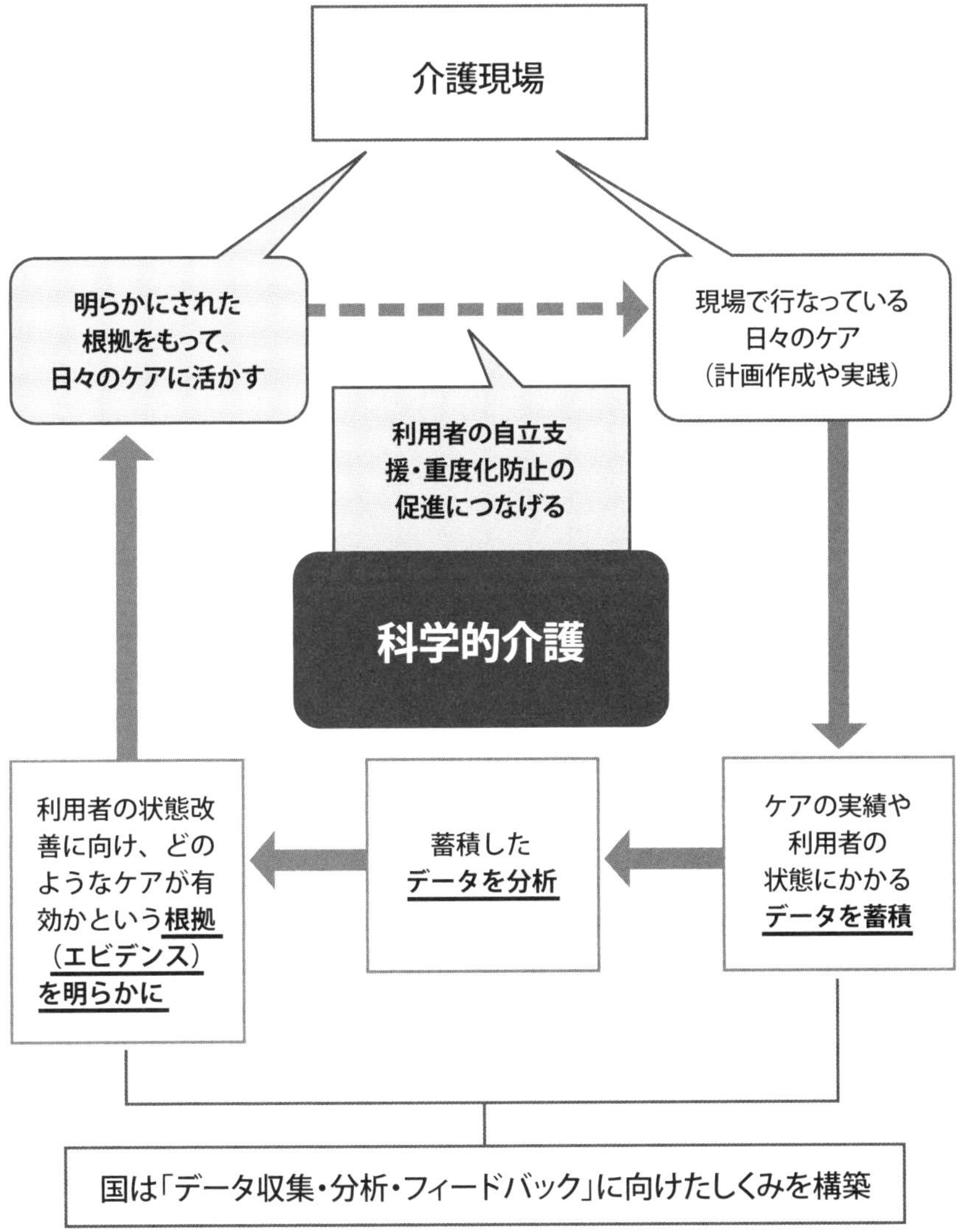
介護現場
明らかにされた根拠をもって、日々のケアに活かす
現場で行なっている日々のケア(計画作成や実践)
利用者の自立支援・重度化防止の促進につなげる
科学的介護
利用者の状態改善に向け、どのようなケアが有効かという根拠(エビデンス)を明らかに
蓄積したデータを分析
ケアの実績や利用者の状態にかかるデータを蓄積
国は「データ収集・分析・フィードバック」に向けたしくみを構築

Q2 エビデンスにもとづく介護が、なぜ求められている？

A 保険料が上昇する中、介護保険の効果への「納得」が欠かせない時代に

2000年に介護保険制度が誕生してから、早くも20年が経過しました。

1980年代から高齢化率（全人口に対する65歳以上の人の割合）が急速に伸び、それにともなって国民の介護ニーズも高まりました。そうした中でスタートした第3の社会保険となる介護保険は、国民のニーズをしっかりとらえて成長を続けてきました。

一方で、ニーズの拡大は介護保険の利用者を大きく増やし、サービス利用者・給付費ともに20年で3倍以上となりました。それにともない、当然保険料も上昇します。

たとえば、65歳以上（一号被保険者）が支払う月あたりの保険料平均は20年で倍増し、2021年3月までの金額は5869円まで跳ね上がりました。

●「高い保険料に見合うだけの価値」が問われる

こうなると、介護保険に「高い保険料を支払うだけの価値があるか」が問われてきます。この場合の「価値」というのは、介護保険の理念に沿っているかどうかとなります。

前項で述べたとおり、介護保険の理念とは、「高齢者の尊厳を保持し、その人の（持てる力での）自立を支援すること」です。しかし、この価値を推し量るのは簡単ではありません。人の「尊厳」は何をもって保たれるのかといえば、人それぞれの主観によって異なります。

介護保険スタートから20年。制度をめぐる状況は？

Ⅰ サービス利用者の状況

		2000年４月		2019年４月	
在宅サービス利用者数		97万人	⇒	378万人	3.9倍
施設サービス利用者数		52万人	⇒	95万人	1.8倍
地域密着型サービス利用者数		―		87万人	
	（居宅系）	―		61万人	
	（居住系）	―		21万人	
	（施設系）	―		6万人	
計		149万人	⇒	487万人	3.3倍

Ⅱ 65歳以上が支払う保険料（月あたり全国平均）

第１期（2000～02 年度）		第７期（2018～20 年度）
2,911 円	→	**5,869 円**

何をもって「自立」とするかも、判断が難しいでしょう。日常生活動作（ＡＤＬ）が向上しても、その人の生活のために必要な行為が確保されるとは限りません。

となれば、１つ２つの指標（物差し）だけで、価値を図ることは困難です。さまざまな切り口によるデータを持ち寄り、丹念に積み重ねていくことが必要です。

●医療では、どのような取り組みが進んできたか？

ちなみに、医療では１９９０年代から、こうした取り組みが行なわれてきました。

医療というと「病気を治すこと」が価値と思われがちですが、実はそうではありません。

近年の臨床医療では、患者の価値観や意向まで考慮したうえで、その人に合った治療法を判断していくことが求められています。患者の価値観・意向とすり合わせるためには、「なぜそうした医療が必要なのか」という根拠（エビデンス）を明らかにしなければなりません。

この「根拠にもとづく医療」に向けて、医療関係者は膨大な文献等を検索し、臨床における適切な判断を行なう取り組みを進めてきたわけです。

●介護分野で始まったデータベース構築と業務文化の改革

介護分野では、こうした取り組みはほとんど行なわれていません。

根拠を見つけるための初期データの蓄積はもちろんですが、そのデータを現場の取り組みに活かして、その効果を検証しつつデータを更新していくという文化も確立していません。

この業務文化を改革するため、厚生労働省は２０１７年に「科学的裏付けにもとづく介護にかかる検討会」を設けました。医療・介護の業界団体の代表や、医療・福祉系大学等の有識者によって、科学的介護のあり方が検討されてきました。

この検討会の議論を経て、まずは必要なデータを蓄積するためのデータベース（ＤＢ）が整備されました。それまでの要介護認定情報や介護レセプト情報、すでに運用されていたリハビリ情報にかかるＤＢに加え、高齢者のさまざまな状態やケアの内容など、先に述べた「さまざまな切り口のデータ」を収集する新たなＤＢも誕生しています。

ここをスタートに、利用者の納得できる「根拠ある介護」が目指されたわけです。

高まる保険料に見合うだけの「価値」をどうやって追及する?

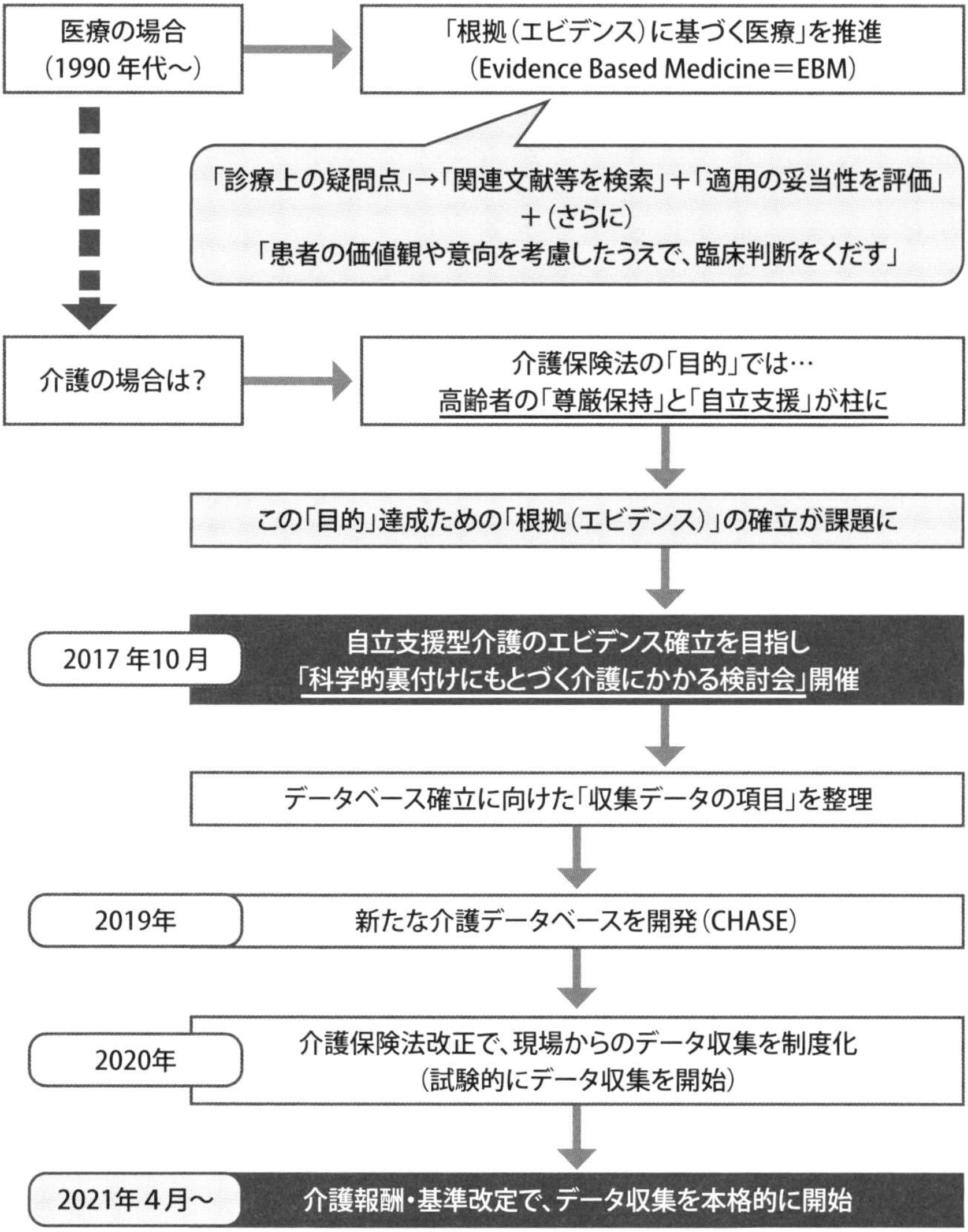
医療の場合
(1990年代〜)
「根拠(エビデンス)に基づく医療」を推進
(Evidence Based Medicine=EBM)
「診療上の疑問点」→「関連文献等を検索」+「適用の妥当性を評価」
+(さらに)
「患者の価値観や意向を考慮したうえで、臨床判断をくだす」
介護の場合は?
介護保険法の「目的」では…
高齢者の「尊厳保持」と「自立支援」が柱に
この「目的」達成ための「根拠(エビデンス)」の確立が課題に
2017年10月
自立支援型介護のエビデンス確立を目指し
「科学的裏付けにもとづく介護にかかる検討会」開催
データベース確立に向けた「収集データの項目」を整理
2019年
新たな介護データベースを開発(CHASE)
2020年
介護保険法改正で、現場からのデータ収集を制度化
(試験的にデータ収集を開始)
2021年4月〜
介護報酬・基準改定で、データ収集を本格的に開始

Q3 「科学的介護」推進のためのデータベース（DB）とは？

A 2021年4月から本格稼働するCHASEや稼働済みのVISIT。そして……

科学的介護を推進するには、根拠（エビデンス）をはっきりさせるための利用者状況の分析が必要です。分析のためには「データ」を収集しなければなりません。

このデータ収集の受け皿となるのが、国が整備しているデータベース（DB）です。

そのDBのうち、現場からの利用者データ収集を目的として構築されたのが、**CHASE**と**VISIT**です。前者は、「**高齢者の状態およびケアの内容等の情報**」を集めたもので、2019年度にシステム開発が行なわれました。後者は、「**リハビリ系サービスにおける質の評価にかかる情報**」です。こちらは、ひと足早い2017年度に開発されています。

ちなみに、**VISIT**については、すでに本格的な運用が始まっています。2018年度の介護報酬改定では、訪問・通所リハビリのリハビリ・マネジメント加算において、VISITへのデータ提供やフィードバックの活用を評価した新区分が誕生しています。

一方、**CHASE**については、2021年4月から本格運用がスタートしました。と同時に、CHASEとVISITの一体的な運用も始まっています。

この一体化されたDBを「**LIFE**」といいます。なお、CHASEやVISITへのアクセスにはID・パスワードが必要ですが、これも統一されることになりました。

「科学的介護」を推進するための２つのデータベース

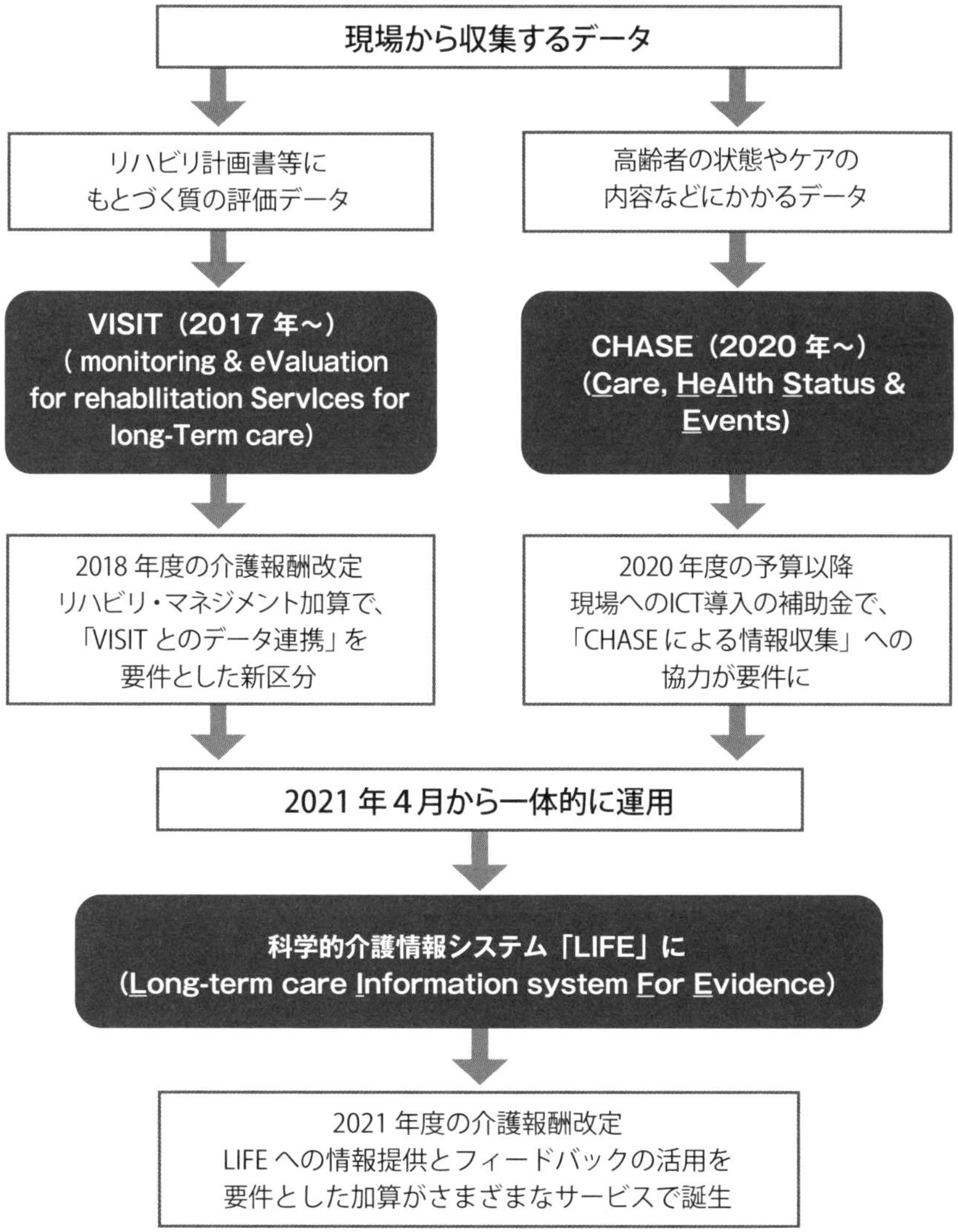
現場から収集するデータ
リハビリ計画書等に
もとづく質の評価データ
VISIT（2017年～）
(monitoring & eValuation
for rehablIitation ServIces for
long-Term care)
2018年度の介護報酬改定
リハビリ・マネジメント加算で、
「VISITとのデータ連携」を
要件とした新区分
高齢者の状態やケアの
内容などにかかるデータ
CHASE（2020年～）
(Care, HeAlth Status &
Events)
2020年度の予算以降
現場へのICT導入の補助金で、
「CHASEによる情報収集」への
協力が要件に
2021年４月から一体的に運用
科学的介護情報システム「LIFE」に
(Long-term care Information system For Evidence)
2021年度の介護報酬改定
LIFEへの情報提供とフィードバックの活用を
要件とした加算がさまざまなサービスで誕生

Q4 一体化されたLIFEで、どのような情報を集めるの？

A 利用者のADL状況や口腔・栄養の状態など、幅広く収集

では、具体的にどのような情報が、介護現場から収集されるのでしょうか。ここでは、新たに本格稼働するCHASEの領域について取り上げましょう。

基本的なものとしては、①ADL（日常生活動作）の状況、②口腔・栄養の状況、③認知症の状況、④服薬の情報などが挙げられます。ここに、提供されているケアの内容によって、排せつ、褥瘡の状況、さらには生活意欲の状況なども加わります。

一方、利用者に対して、どのようなケアを行なったかという情報も収集されます。自由書式による支援計画も収集できるしくみになっています。

これにより、まずは時間的な経過にともなう「利用者の状態変化」のデータについて、フィードバックを受けることができます。各現場と全国平均のデータを比較することで、現場ごとのケアについて、「自立支援の効果を上げているかどうか」が明らかになるわけです。

また、「実際に行なっているケア」と「その効果」の関係を分析することも可能です。このデータを蓄積していけば、自立支援効果の高いケアを明らかにすることができます。

将来的には、国が根拠をもって現場に推奨していくしくみも築けるわけです。今後の介護保険制度のあり方を変えていくことにもつながります。

LIFEで集める情報には、どのようなものが?

利用者の状況について（例）

利用者の基本情報	●生年月日・性別 ●日常生活自立度 ●健康状態・既往歴 ●本人・家族の希望 ●同居家族の状況など
ADL・IADLの状況	●座立位・起き上がり ●移乗・歩行・昇降 ●食事 ●整容 ●トイレ動作 ●入浴 ●家事行為など
口腔・栄養の状況	●経口摂取　●食事形態・摂取量　●栄養状態　●咀しゃくや嚥下 ●入れ歯 ●誤嚥性肺炎の既往など
認知症の状況	●認知症の診断 ●行動障害尺度（DBD13）●意欲の指標（Vitality Index）など
社会参加や興味・関心の状況	●「している・してみたい」行為（本人の役割や趣味）●「している」社会参加の手段（交通など）
処方薬剤の状況	●処方されている薬剤 ●変更・減薬・追加処方

ケアの内容について（例）

●訓練・リハビリの目標 ●具体的なプログラム ●プロセスの状況
●実際に行なった支援の実績（方法や時間など）

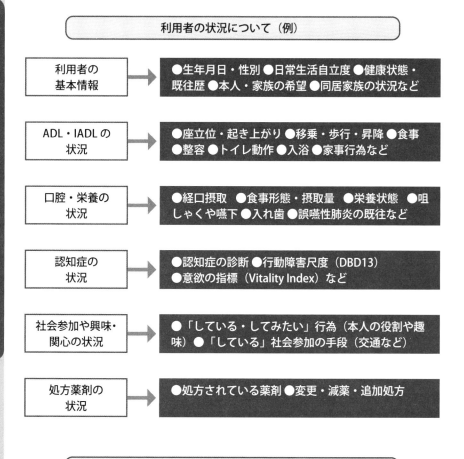

Q5 国がデータ収集を行なえる環境は整っているの？

A 2020年の介護保険法改正で、国の権限が大きく広がった

利用者のADLや口腔・栄養にかかる情報、さらには利用者に対して行なっているケアの情報など、ここへきて多様なデータが国に提供されることになりました。

しかも、このデータ収集を全国規模で展開しようというわけです。

もっとも、現場としては戸惑いも大きいでしょう。「フィードバックされた分析結果は役に立つだろうが、データ収集の体制がなかなか追いつかない」という思いもあるかもしれません。

そもそも、国に「現場から幅広い情報を収集する」という権限があるのでしょうか。

実は、この「権限」が生まれたのが、2020年の介護保険法改正です。介護保険法のどの部分で、どんな改正が行なわれたのかを確認しておきましょう。

●これまでは、自治体を対象とした情報収集のしくみ

対象となるのは、介護保険法第百十八条の二です。

もともとこの条項では、厚生労働大臣に対して、自治体が作成する介護保険事業計画の作成・実施や、国民の健康保持・自立支援のために、以下を実施することを定めていました。

それは、①介護給付等に要する費用の額に関する事項、②被保険者の要介護・要支援認定に関する状況などについて、「調査・分析を行なう」ことです。さらに、その調査・分析の結果については、

介護保険関連DBの中身はどうなっている？

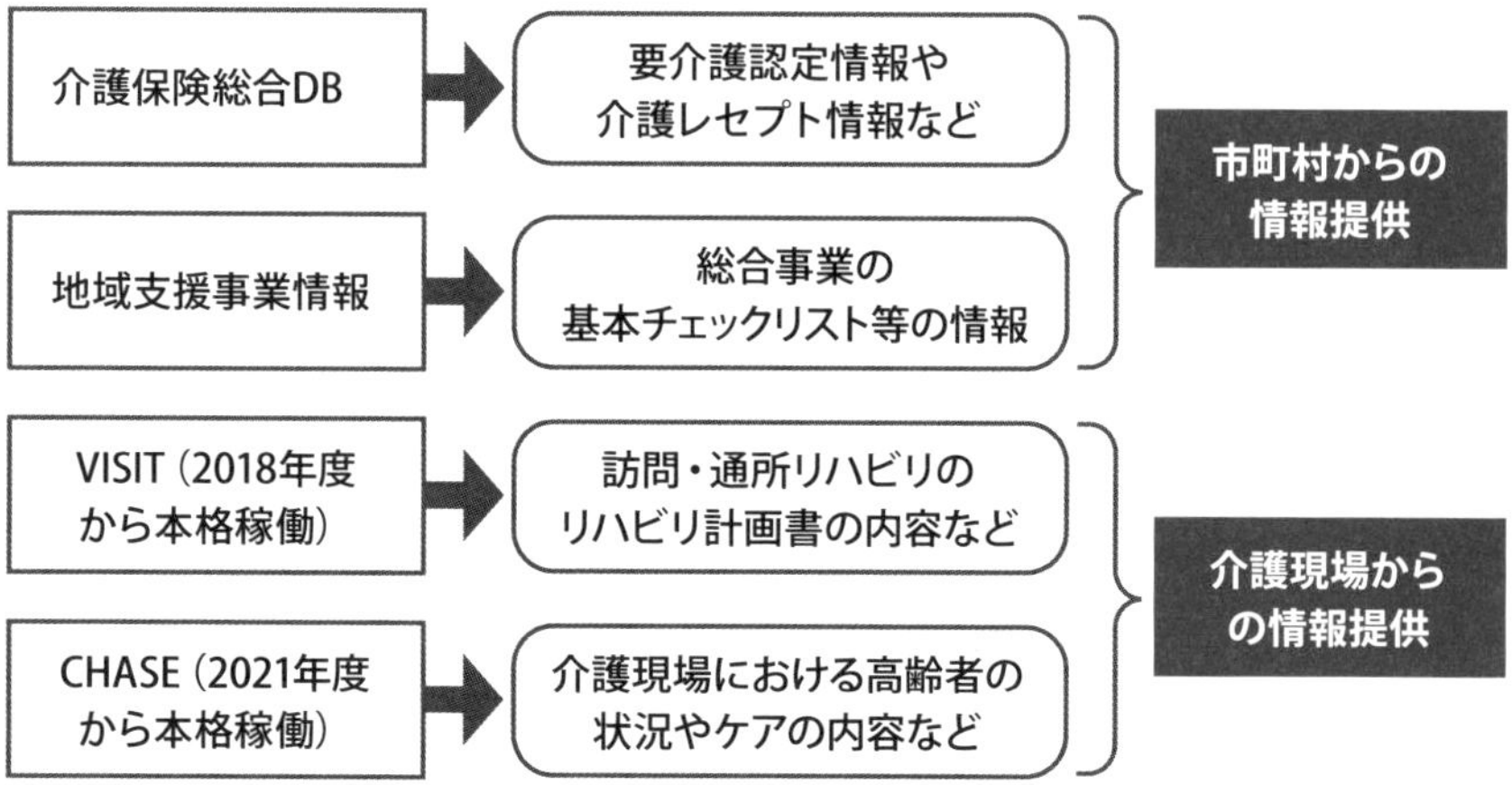
介護保険総合DB
要介護認定情報や介護レセプト情報など
地域支援事業情報
総合事業の基本チェックリスト等の情報
市町村からの情報提供
VISIT（2018年度から本格稼働）
訪問・通所リハビリのリハビリ計画書の内容など
CHASE（2021年度から本格稼働）
介護現場における高齢者の状況やケアの内容など
介護現場からの情報提供

「公表」しなければなりません。

この①、②というのは、「要介護認定等情報」や「介護レセプト情報」という、以前から運用されていたデータベースでの集積情報にあたります。これらを提供するのは自治体です。

●2020年改正で、情報収集の対象に事業者がプラス

２０２０年の法改正では、この厚労大臣による調査・分析、（分析結果の）公表の対象となる情報に、以下の２つが追加されました（以下、条文を意訳しています）。

③利用者に提供される介護サービスの内容と、その利用者の心身の状況などについて

④（介護保険制度における）地域支援事業の実施の状況などについて

注目したいのは、やはり③です。言うまでもなく、これはＬＩＦＥ（ＣＨＡＳＥ＋ＶＩＳＩＴ）に収集される情報を指しています。

そのうえで、厚労大臣がこれらの情報を求める対象として、新たに「介護サービス事業者」が加わりました（④に関して、総合事業の事業者も加わっています）。

●介護保険法で位置づけることにより、一気に重みが

ここで、以下のような疑問が生じる人もいるでしょう。「この法改正は２０２０年。でも、ＶＩＳＩＴへの情報提供を要件した加算ができたのは、２０１８年４月。なぜ、介護保険法のほうが後追いをしているのか」と。

確かに、リハビリ・マネジメント加算に「ＶＩＳＩＴへの情報提供」を要件とした区分ができたのは２０１８年度改定です。介護報酬の内容を定めるのは「省庁の定める省令」ですから、「国会が定める法律」に先行していたことになります。

ただし、この時の「ＶＩＳＩＴへの情報提供」に関係したしくみは、介護報酬上の1つの加算（しかも1区分）に過ぎません。これに対し、2章で述べる改定内容では、「ＬＩＦＥへの情報提供」を要件とするしくみ（基準改定も含む）が多くのサービスで誕生しています。

つまり、介護保険法を改正したことにより、制度の隅々まで行き渡る大きな見直しを図る「土台」ができたわけです。制度上の重みが一気に増したと考えたほうがいいでしょう。

2020年の介護保険法改正で、何が変わったか？

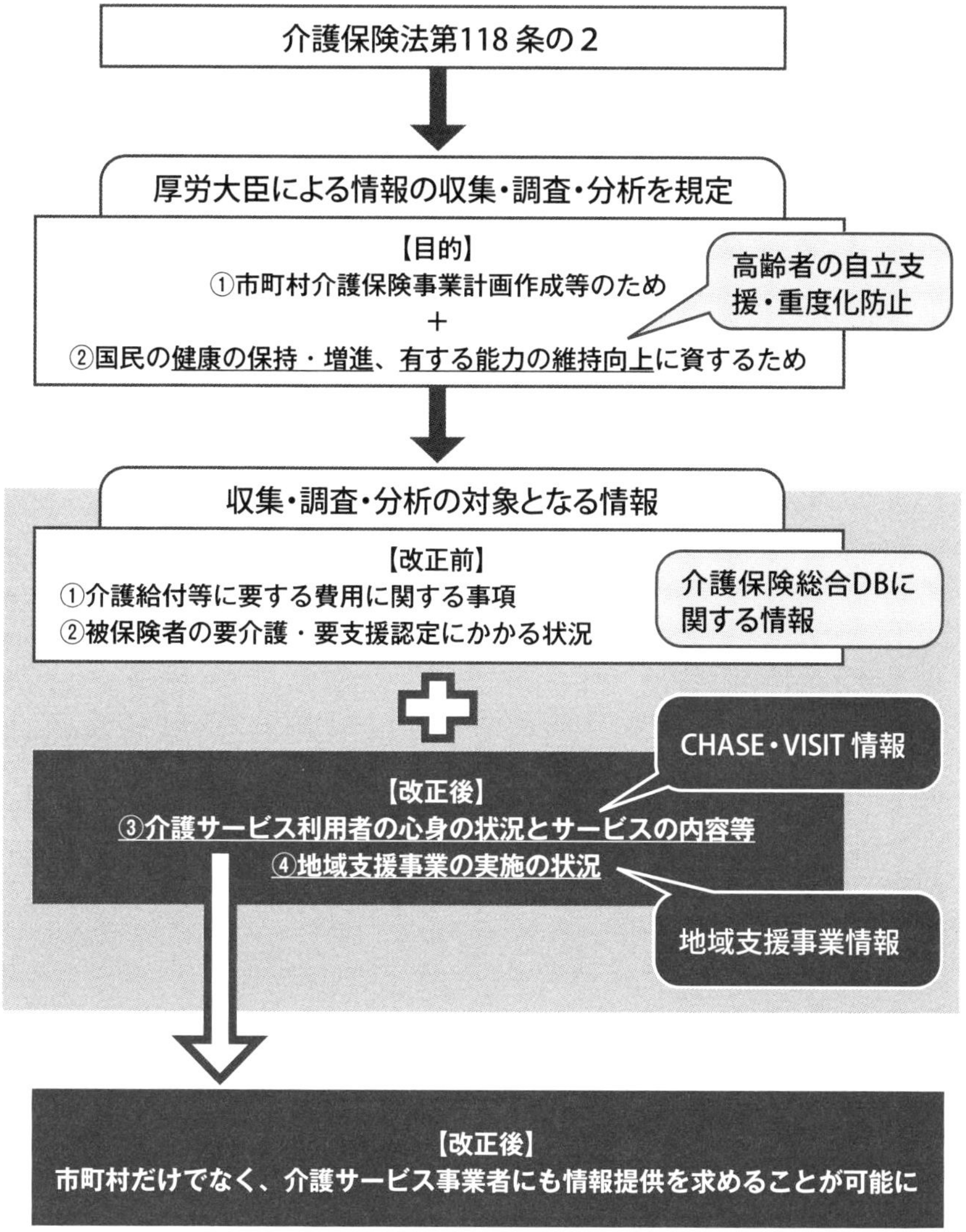
介護保険法第118条の2
厚労大臣による情報の収集・調査・分析を規定
【目的】
①市町村介護保険事業計画作成等のため
＋
②国民の健康の保持・増進、有する能力の維持向上に資するため
高齢者の自立支援・重度化防止
収集・調査・分析の対象となる情報
【改正前】
①介護給付等に要する費用に関する事項
②被保険者の要介護・要支援認定にかかる状況
介護保険総合DBに関する情報
【改正後】
③介護サービス利用者の心身の状況とサービスの内容等
④地域支援事業の実施の状況
CHASE・VISIT情報
地域支援事業情報
【改正後】
市町村だけでなく、介護サービス事業者にも情報提供を求めることが可能に

Q6 介護保険法に定められたことで、何が変わる？

A LIFEとのデータ連携が、実務の軸となってくる

介護保険法で「現場からのデータ収集」が明記されたことで、介護サービスをめぐるしくみや現場の実務はどのように変わっていくのでしょうか。

介護報酬や基準を定める際には、現場の職能や有識者による審議会での議論が必要です。これも、介護保険法に明記されている手続きです。

ここに、やはり介護保険法で定められた「現場からのデータ収集」、さらには「そのデータを自立支援に活かす」という趣旨が加わります。そうなると、あらゆる改定内容を議論する際に、「データ収集と活用」を土台に据えなければなりません。

つまり、介護保険制度をめぐる課題解決に向けて、「データ収集と活用」、つまり「現場における科学的介護の推進」の優先順位がぐっと上がってくることになります。

これにより、基本報酬を算定するための運営基準、そして主だった報酬上の加算に、次々と「科学的介護の推進」というテーマが反映されるわけです。

現場にしてみれば、「データの提供や活用より、利用者と接するほうが大切」と考える人も多いでしょう。しかし、これからは「データとの付き合い」と「利用者に向き合うこと」の比重は同じとなり、両方のスキルを同等に高めることが求められてきます。

介護報酬・基準はどのように決まっていくのか？

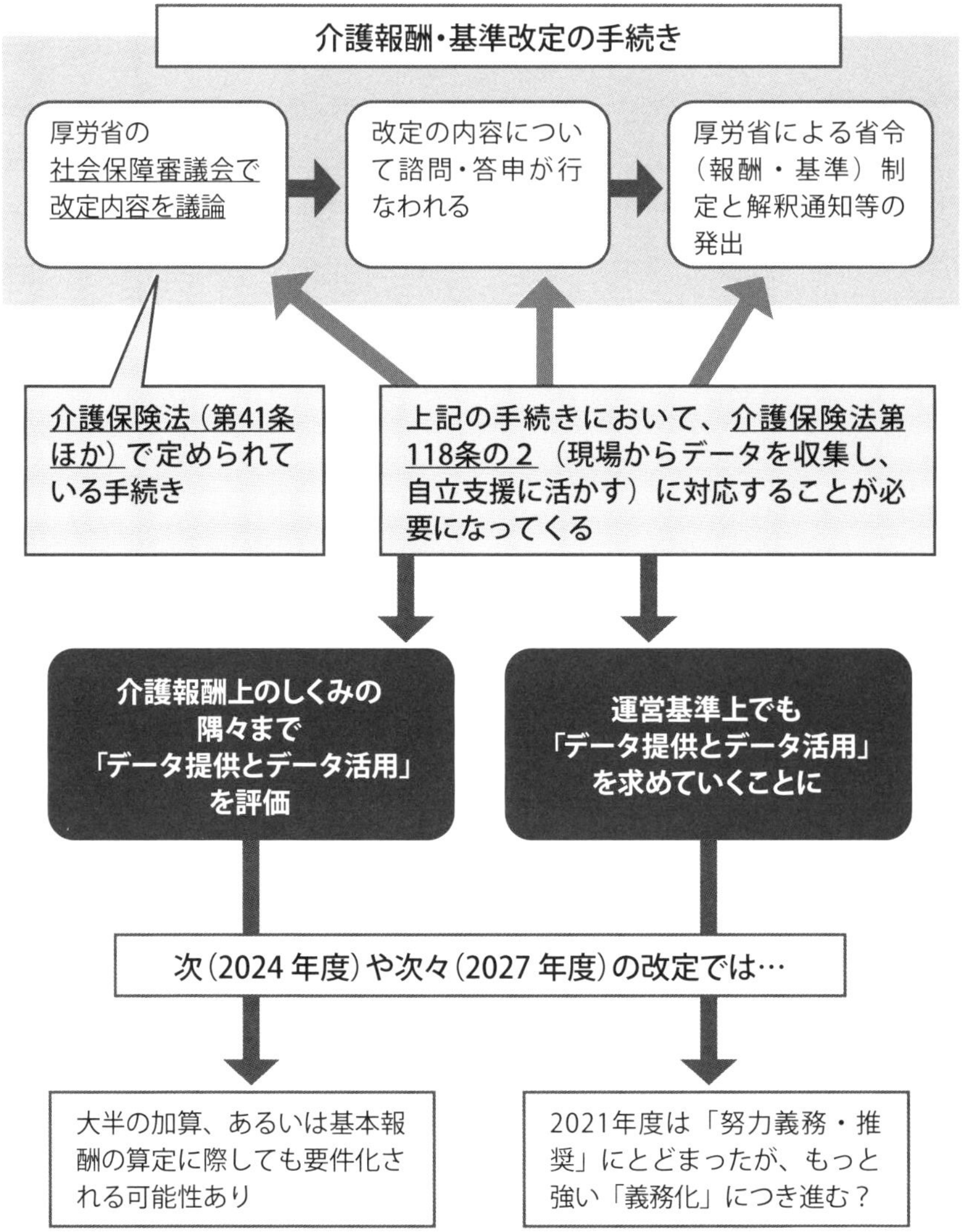
介護報酬・基準改定の手続き
厚労省の社会保障審議会で改定内容を議論
改定の内容について諮問・答申が行なわれる
厚労省による省令（報酬・基準）制定と解釈通知等の発出
介護保険法（第41条ほか）で定められている手続き
上記の手続きにおいて、介護保険法第118条の２（現場からデータを収集し、自立支援に活かす）に対応することが必要になってくる
介護報酬上のしくみの隅々まで「データ提供とデータ活用」を評価
運営基準上でも「データ提供とデータ活用」を求めていくことに
次（2024 年度）や次々（2027 年度）の改定では…
大半の加算、あるいは基本報酬の算定に際しても要件化される可能性あり
2021年度は「努力義務・推奨」にとどまったが、もっと強い「義務化」につき進む？

Q7 将来的に、科学的介護はどうなっていくか？

A データ提供の「義務化」や、「アウトカム評価」に注意

2021年度改定では、LIFEへのデータ提供・フィードバックの活用を要件とした新加算等が誕生し、LIFEとのデータ連携が基準上で「努力義務化」されました。

しかし、この科学的介護の推進に向けた改革は、まだ始まったばかりです。

国が見すえているのは「その先」、直近では2025年であることに注意が必要です。

2025年というのは、言うまでもなく「団塊世代（戦後のベビーブーマー世代）が全員75歳以上を迎える年」です。今どきの高齢者は昔と比べて元気ですが、それでも75歳ともなれば、持病の数が増え、認知機能や運動機能も急速に衰えてきます。

そうした中では、自立支援・重度化防止に向けた取り組みの精度をさらに上げていかなければなりません。そのためのカギの一つが、科学的介護の浸透を進めることです。

そして、その2025年の直前、2024年度に再び介護報酬・基準改定が行なわれます。

今回の改定を「科学的介護に向けた骨格づくり」とするなら、2024年度は「肉付け」という位置づけになるでしょう。そこでは、LIFE連携を「義務づけ」に格上げしたり、科学的介護の効果にスポットを当てた「アウトカム評価」が拡大する可能性もあります。

この先々を見すえた場合、科学的介護に対応する体制づくりが急がれることになります。

「2025年」というターゲットを見すえる

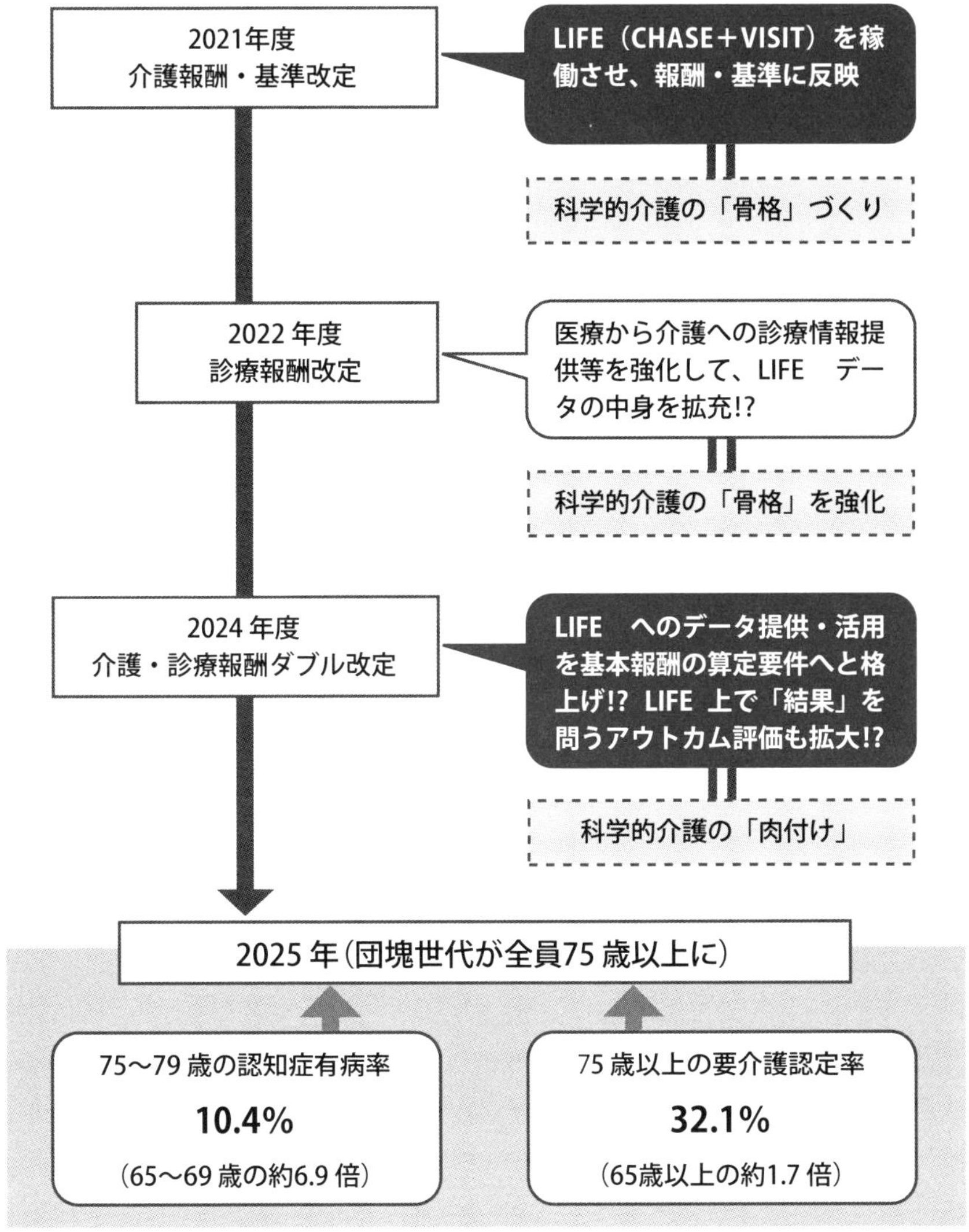
2021年度
介護報酬・基準改定
LIFE（CHASE＋VISIT）を稼働させ、報酬・基準に反映
科学的介護の「骨格」づくり
2022年度
診療報酬改定
医療から介護への診療情報提供等を強化して、LIFE データの中身を拡充!?
科学的介護の「骨格」を強化
2024年度
介護・診療報酬ダブル改定
LIFE へのデータ提供・活用を基本報酬の算定要件へと格上げ!? LIFE 上で「結果」を問うアウトカム評価も拡大!?
科学的介護の「肉付け」
2025年（団塊世代が全員75歳以上に）
75～79歳の認知症有病率
10.4%
（65～69歳の約6.9倍）
75歳以上の要介護認定率
32.1%
（65歳以上の約1.7倍）

コラム2

これから先、「アウトカム評価」はどこまで広がる？

自立支援・重度化防止の強化に向け、「科学的介護の推進」と同時にもう1つの軸となるのが「アウトカム評価の拡大」です。

詳細は2章で述べますが、今改定における「アウトカム評価の拡大」に向けた具体策を整理すると、以下のようになります。

①利用者のADLの維持・向上の「結果（アウトカム）」を評価する「ADL維持等加算」が、通所介護に加え、認知症対応型通所介護、特定施設入居者生活介護、特養ホームに拡大されたこと。

②施設系サービス等の褥瘡マネジメント加算と排せつ支援加算（いずれも、今改定で看護小規模多機能型も算定対象にプラス）で、アウトカム評価を行なう新区分が設けられたこと。

2024年度のターゲットは「口腔・栄養関連加算」？

以上の内容を見ると、今改定で「一気に広がった」とまではいえないかもしれません。とはいえ、「アウトカム評価がじわじわと広がってきた」という流れは否定できないでしょう。

そうなると、気になるのは次の2024年度改定です。どこまで「アウトカム評価」が広がるかを予測するうえで、一つのカギとなるのが（介護現場でなじみの薄い）指標の導入や医療専門職の関与です。

上記の①では、リハビリ系サービスで導入されている指標（Barthel Index）がアウトカム評価の手段となりました。

また、②の排せつ支援加算では、医師の評価が要件となります。

これを考えると、次の改定では、歯科医師や歯科衛生士、管理栄養士の関与が強まっている口腔・栄養関連の加算において、医療現場などで活用されている指標を使いつつ、「アウトカム評価」のターゲットにされる可能性が高いといえそうです。

第2章

Q&Aでわかる

科学的介護に関連した加算の算定のしくみ

Q1 科学的介護の2021年度改定への反映。具体的には？

A LIFE連携を要件とした新加算や新区分、運営基準上の規定も

「現場からのデータ収集」および「そのデータの活用」について、2020年の介護保険法改正が行なわれたことで、制度上の「お墨付き」が得られました。

これにより、2021年度の介護報酬・基準改定では、「LIFEへのデータ提供とフィードバック」、つまり「科学的介護の推進」が幅広く組み込まれることになりました。

第一に、訪問系を除くほとんどのサービスを対象に、「データ提供&フィードバック」を要件とした新加算が誕生しました。これを「**科学的介護推進体制加算**」といいます。

これは、その名のとおり「科学的介護」に向けた基盤づくりと目的としたものです。

第二に、その基盤に上乗せする形で、自立支援を目指した新加算や既存の加算上の新区分が幅広く生まれたことです。やはり「データ提供&フィードバック」を要件としています。

国が自立支援のカギの一つとしている「口腔や栄養」に関する加算も数多く含まれます。

第三に、すべてのサービスに、運営基準上で新たな努力義務が定められました。

それは、現場でサービスを行なうにあたり、①介護保険法第118条の2に規定された情報（LIFE含む）を活用し、②PDCAサイクルのもとでサービスの質の向上を図るというものです。

なお、その際にLIFEへの情報提供を行なうことも「望ましい」としています（※）。

※居宅介護支援は除く。

2021 年度改定における「科学的介護」の全体像

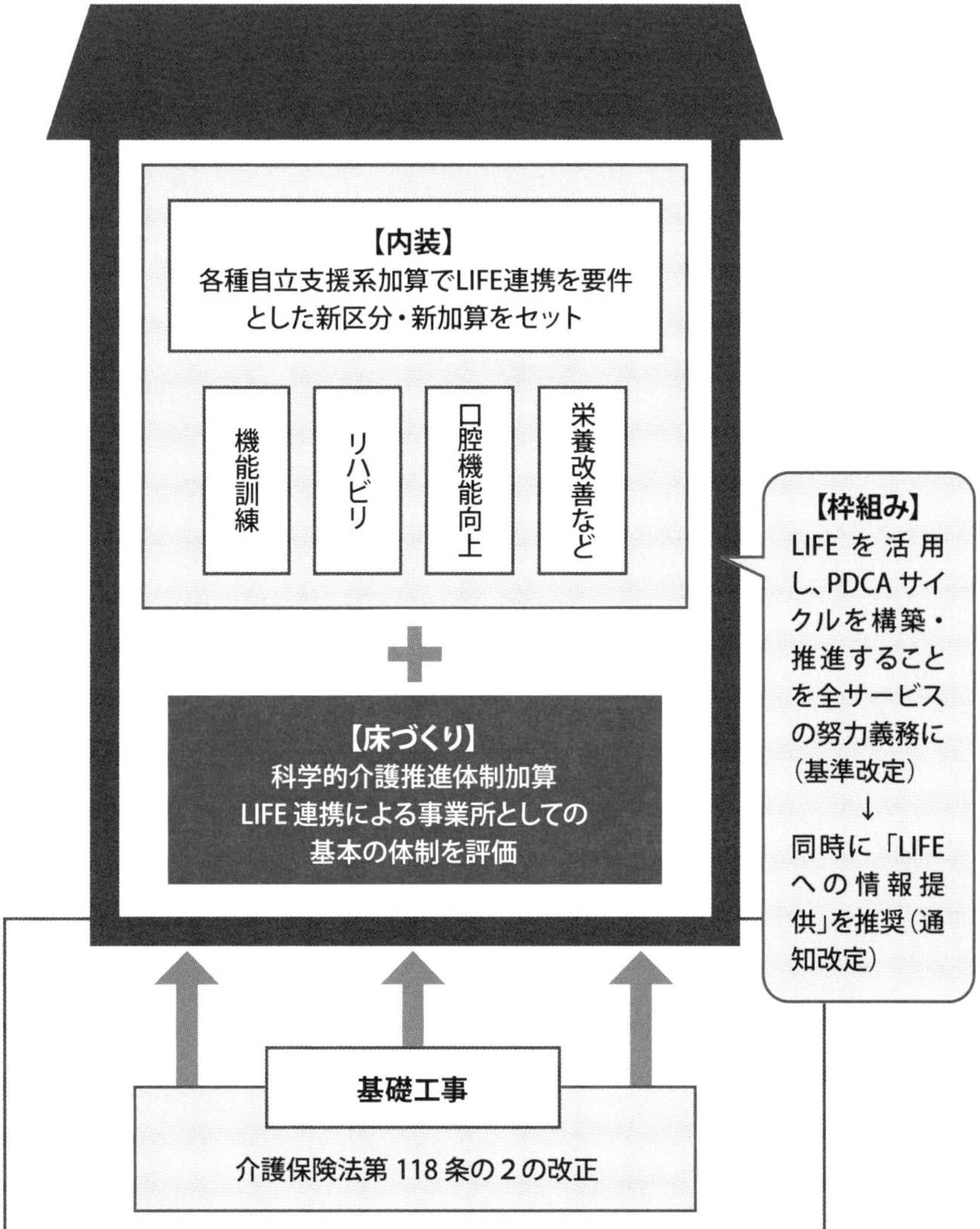
【内装】
各種自立支援系加算でLIFE連携を要件とした新区分・新加算をセット
機能訓練
リハビリ
口腔機能向上
栄養改善など
【床づくり】
科学的介護推進体制加算
LIFE 連携による事業所としての基本の体制を評価
【枠組み】
LIFE を活用し、PDCA サイクルを構築・推進することを全サービスの努力義務に（基準改定）
↓
同時に「LIFE への情報提供」を推奨（通知改定）
基礎工事
介護保険法第 118 条の 2 の改正

Q2 科学的介護推進体制加算とは、どのようなしくみか？

A 利用者の心身状況についての情報提供とフィードバック活用を評価

まず、新設された科学的介護推進体制加算について取り上げましょう。

算定対象となるのは、居宅介護支援および福祉用具、訪問系を除く全サービスです（認知症対応型通所介護については、個別機能訓練加算の新区分Ⅱに組み込まれています）。

要件としては、①（原則として）全利用者を対象とした心身の状況にかかる情報をＬＩＦＥに提供し、②ＬＩＦＥからのフィードバックを受けたうえで、③ケア計画などの見直しに活用していることです。③は、いわばＰＤＣＡサイクルを動かすことになります。

ＬＩＦＥに提供する情報としては、利用者ごとのＡＤＬ状況や栄養状態、口腔機能、認知症の状況、その他の基本的な心身の状況にかかる情報です。

この情報提供とともに②③を行なった場合に、全利用者に１月40単位が算定されます。

さらに、施設系サービスでは、先の心身の状況に利用者の疾病や服薬等の情報を加えた場合に、高い区分（Ⅱ）の算定が可能です。Ⅱになると、１月60単位が算定できます（※）。

たとえば、通所介護で利用者30人とすれば、全員で月１２００単位の増収（１単位＝10円とすれば１万２０００円）となります。増収額としては微妙ですが、この加算はあくまで「基盤」であり、この上に自立支援系の各種加算を上乗せしていくと考えたほうがいいでしょう。

※特養については、服薬情報は任意のため月 50 単位。

科学的介護推進体制加算について

適用されるサービスは？

●施設系サービス　●通所系サービス
●居住系サービス　●小規模多機能系サービス

※予防給付で対象となるのは、通所リハビリ、認知症対応型通所介護、地域密着型以外の特定施設入居者生活介護、GH、小規模多機能型

算定対象となる利用者は？

事業所・施設の全利用者

ADL状態、栄養状態、口腔機能、認知症の状況
（施設系の上乗せ加算IIでは、疾病の状況や服薬の状況をプラス）

特養ホームは服薬情報を求めない

何をすればいいの？

①原則として全利用者を対象とした上記の情報を…
②LIFEに提供し…
③LIFEからのフィードバック情報を受けて…
④PDCAサイクルを機能させる（「C」で③の情報を活用）

算定単位は？

【施設系以外】科学的介護推進体制加算　1月40単位
【施設系】　科学的介護推進体制加算I　1月40単位
　　　　　　科学的介護推進体制加算II　1月60単位
（特養ホームでは、服薬情報を求めない分1月50単位）

認知症対応型通所介護については、
個別機能訓練加算の新設区分（II）で対応
（旧要件と同じIとの併算定が可能）

Q3 科学的介護推進体制加算を算定するには、何が必要か？

A 提供すべき情報の確認と、ＰＤＣＡサイクルの構築からスタート

まずは、提供するべき情報について、国が示す様式例をもとに細かく見ていきましょう。

中には、「現場で活かせる分析につながるのか」と思われるものもあるかもしれません。

そもそもデータベースの目的には、自治体の介護保険事業計画や国の施策立案に活かすということも含まれます。そうした視点での情報も、提供対象となってくるわけです。

●普段から「しているケア」の状況も反映されてくる

ＡＤＬ状況について

全部で10項目あります。①食事、②椅子とベッド間の移乗、③整容、④トイレ動作、⑤入浴、⑥平地歩行、⑦階段昇降、⑧更衣、⑨排便コントロール、⑩排尿コントロールです。

この10項目ごとに、自立・一部介助・全介助（③、⑤は自立か否か）でチェックしていきます。

なお、②については、「一部介助」でも「見守り」と「座るのは自立だが、移乗は介助」の2区分となっています。⑥も「一部介助」内で、「歩行器等を使用しているか」「車いす操作が可能か」によって、やはり2区分構成となっています。

つまり、「利用者の状況」というだけでなく、「日常的に行なっているケアの内容」も、情報提供の際におのずと含まれてくることになります。

科学的介護推進体制加算の取得に向けた情報提供（その１）

ADLについて

具体的な動作	自立	一部介助	全介助
食事	10 点	5 点	0 点
椅子とベッド間移乗	15 点	10 点（見守り下） 5 点（移るが座れない）	0 点
整容	5 点	0 点	0 点
トイレ動作	10 点	5 点	0 点
入浴	5 点	0 点	0 点
平地歩行	15 点	10 点（歩行器等） 5 点（車いす操作可能）	0 点
階段昇降	10 点	5 点	0 点
更衣	10 点	5 点	0 点
排便コントロール	10 点	5 点	0 点
排尿コントロール	10 点	5 点	0 点

日常的なケアの状況もおのずと含まれてくる

栄養状態について（施設の場合）

まず、①利用者の身長・体重、②食事摂取量、③必要栄養量、④提供栄養量、⑤血清アルブミン値（測定していない場合は「なし」に）、⑥褥瘡の有無となります。（通所・居住系サービスの場合は、①と⑥のみ）

そのうえで、③〜⑤の状況にもとづいて、⑦低栄養状態のリスクレベル（高・中・低）をチェックします。リスク分類としては「ＢＭＩ」「体重減少率」「血清アルブミン値」「栄養補給法」「褥瘡」となっています。

たとえば「体重減少率」では、「減少３％未満」で低リスク、（以下６か月の場合）「３〜10％未満」で中リスク、「10％以上」で高リスクとなります。

さらに、利用者の状態に応じた「栄養補給法」のチェックも、情報提供の対象となります。

具体的には、⑧腸管・静脈栄養、⑨経口摂取の状況、⑩嚥下調整食の必要性、⑪食事形態、⑫とろみの状態（濃いか、薄いか）となっています。

口腔機能について

利用者の口腔の健康状態についてチェックします。施設系サービスと通所・居住系サービスで共通するのは、①むせやすいか否か、②入れ歯を使っているか否かとなります。

両者でチェック内容が異なるのは以下の通りです。

前者（施設系）では、③歯・入れ歯が汚れているか否か。後者（通所・居住系）では、③固いものを避け柔らかいものばかりを食べているか否かという具合です。

なお、④誤嚥性肺炎の発症・既往の有無についても、情報提供の対象となります。

●認知症の人の「意欲の指標」も情報提供の対象に

認知症の状況について

大きくは3つに分けられます。①認知症の診断（病名含む）について、②DBD13（認知症の行動障害尺度）、③バイタリティ・インデックス（認知症の人の意欲の指標）です。

②、③については、必須項目と任意項目があります。詳細は図を確認してください。

その他の項目

利用者の基本的な情報です。生年月日や性別のほか、日常生活自立度（障害高齢者・認知症高齢者）、既往歴、服薬の情報などとなります。

さらに、同居家族の状況や家族等が「介護できる時間」なども提供情報に含まれます。

科学的介護推進体制加算の取得に向けた情報提供（その２）

口腔・栄養の状況について

身長（　　cm）｜体重（　　kg）｜低栄養状態のリスクレベル　□低　□中　□高

・栄養補給法
・栄養補給法　□経腸栄養法　□静脈栄養法
・経口摂取　□完全　□一部
・嚥下調整食の必要性　□なし　□あり
・食事形態　□常食　□嚥下調整食
・とろみ　□薄い　□中間　□濃い

※栄養についての赤枠の部分は「施設サービス」のみ

食事摂取量　全体（　　%）　主食（　　%）　副食（　　%）

必要栄養量　エネルギー（　　kcal）　たんぱく質（　　g）｜提供栄養量　エネルギー（　　kcal）　たんぱく質（　　g）

血清アルブミン値　□なし　□あり（　　(g/dl)）｜褥瘡の有無　□なし　□あり

口腔の健康状態
（施設系サービス）
・歯・入れ歯が汚れている　□はい　□いいえ
・歯が少ないのに入れ歯を使っていない　□はい　□いいえ
・むせやすい　□はい　□いいえ
（通所系・居住系サービス）
・硬いものを避け柔らかいものばかり食べる　□はい　□いいえ
・入れ歯を使っている　□はい　□いいえ
・むせやすい　□はい　□いいえ

誤嚥性肺炎の発症・既往（※）　□なし　□あり（発症日：　年　月　日）（発症日：　年　月　日）

初回の入力時には誤嚥性肺炎の既往、二回目以降は前回の評価後の発症について記載

認知症の状況について（必須項目）

認知症の診断
□なし　□あり（診断日：　年　月　日：
□アルツハイマー病　□血管性認知症　□レビー小体病　□その他（　　））

DBD13（認知症の診断または疑いのある場合に記載）

	まったくない	ほとんどない	ときどきある	よくある	常にある
・日常的な物事に関心を示さない	□	□	□	□	□
・特別な事情がないのに夜中起き出す	□	□	□	□	□
・特別な根拠もないのに人に言いがかりをつける	□	□	□	□	□
・やたらに歩きまわる	□	□	□	□	□
・同じ動作をいつまでも繰り返す	□	□	□	□	□

Vitality Index　□自分から挨拶する、話し掛ける　□挨拶、呼びかけに対して返答や笑顔が見られる　□反応がない

任意の項目について（例）
●DBD13→・同じ事を何度も聞く ・場違いあるいは季節に合わない不適切な服装をする ・物を貯め込む など
●Vitality Index→・起床 ・食事 ・排せつなどについて
※それぞれ「自らすすんで行なうかどうか」など

Q4 機能訓練系の加算で、科学的介護が反映されたのは？①

A 通所介護から施設まで、対象が幅広い「個別機能訓練加算」

個別機能訓練加算は、利用者一人ひとりの心身の状況にもとづいて、個別に機能訓練を行なうことを評価した加算です。通所介護のほか、特養ホームや特定施設入居者生活介護（以下、介護付きホーム）で算定されています。

２０２１年度の改定では、この個別機能訓練加算に「ＬＩＦＥへの情報提供や、フィードバックを受けて機能訓練に活かすこと」を要件とした新区分「Ⅱ」が設けられました（通所介護については、旧Ⅰ・Ⅱを再編したうえで、ＬＩＦＥ連携を要件とした新Ⅱを設けた）。

●個別機能訓練計画書の他に、任意1つ、必須で1つ追加

具体的に、どのような情報提供が必要になるのでしょうか。厚労省が示している、算定に必要な様式例は以下の3つ。「任意」のものが1つ、「必須」のものが2つです。

興味・関心チェックシートについて（任意）

市町村の地域ケア会議などで、「事例全体を把握する」ために用いられているものです。46項目の「生活行為（日常生活行為や生活上の役割、趣味など）」について、それぞれ本人が「している」「してみたい」「興味がある」に該当すればチェックを入れていきます。46項目以外に、現場ごとに「その他」の項目も追加できるようになっています。

通所介護の個別機能訓練加算はどう変わったか？

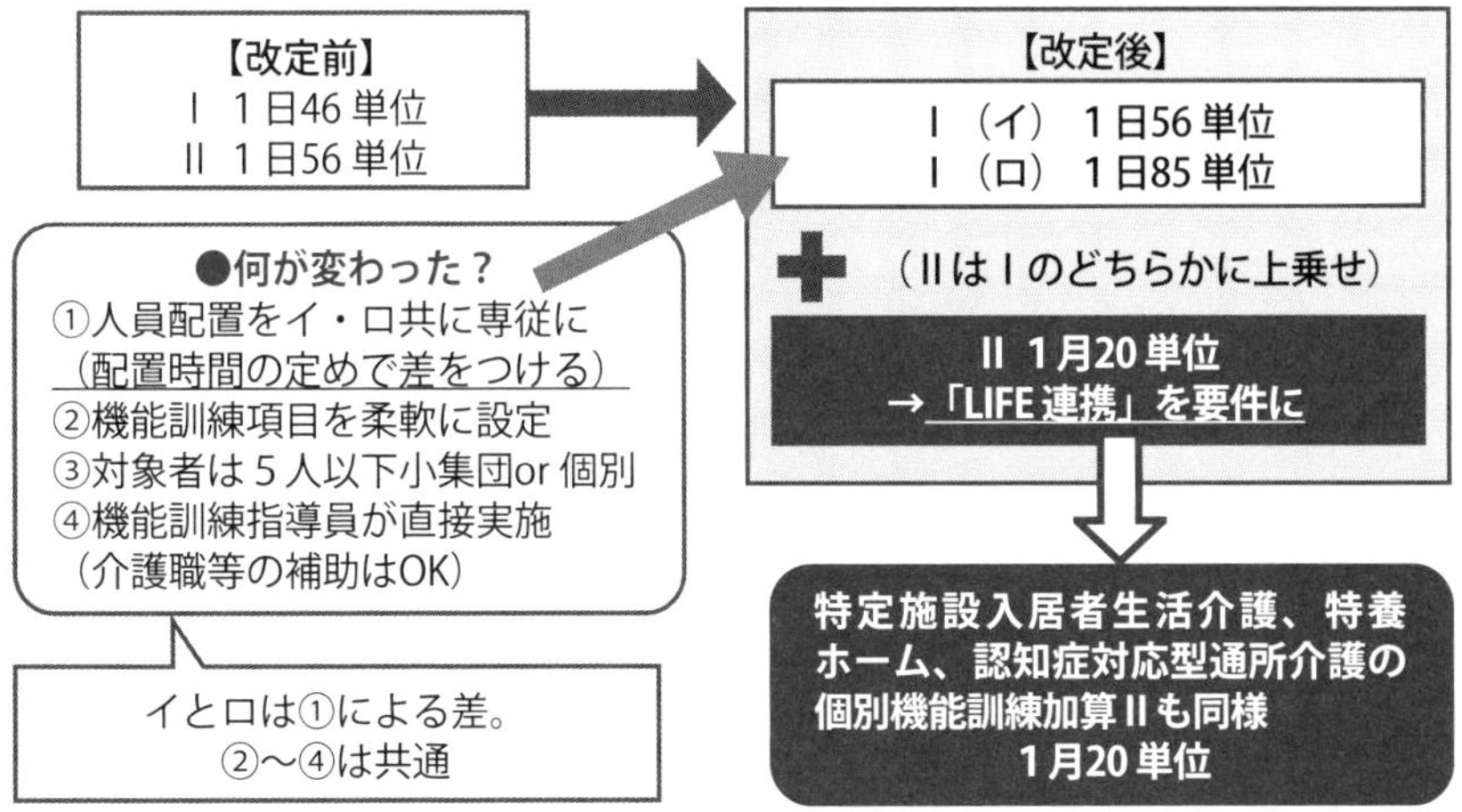
【改定前】
Ⅰ 1日46単位
Ⅱ 1日56単位
【改定後】
Ⅰ（イ） 1日56単位
Ⅰ（ロ） 1日85単位
（ⅡはⅠのどちらかに上乗せ）
Ⅱ 1月20単位
→「LIFE連携」を要件に
●何が変わった？
①人員配置をイ・ロ共に専従に
（配置時間の定めで差をつける）
②機能訓練項目を柔軟に設定
③対象者は５人以下小集団or個別
④機能訓練指導員が直接実施
（介護職等の補助はOK）
イとロは①による差。
②～④は共通
特定施設入居者生活介護、特養ホーム、認知症対応型通所介護の個別機能訓練加算Ⅱも同様
1月20単位

機能訓練に際し、利用者の主体的な目標を把握するうえで役立てることができます。

生活機能チェックシートについて（必須）

利用者の「生活機能」について、①ADL、②IADL、③（ADLの中から特に）起居動作」の状況をチェックするものです。それぞれに「自立」「一部介助」「全介助」（②、③の場合は「見守り」も含む）で判定するしくみとなっています。

また、機能ごとに「課題の有無」にチェックを入れたり、「状況・生活課題」を自由書式で書き込みます。①、②については「環境（実施場所・補助具等）」を書き込む欄もあります。

利用者の生活機能をアセスメントする際、着目点を整理するのに役立てることができます。

個別機能訓練計画書について（必須）

個別機能訓練加算を算定するうえで、もともと作成が義務づけられていた様式です。

ただし、リハビリ計画書との連携強化などを図る観点から、今改定で一部項目の見直しが図られました。主な見直しポイントは、以下の3つです。
①利用者の基本情報に、「本人の社会参加の状況」を記す欄が設けられたこと
②利用者の健康状態について、治療経過やコントロール状態を詳細に記すしくみになったこと
③プログラムの一環として、サービス利用時間外に実施する内容を記すようにしたこと
現場としては、担当する利用者の状況把握や目標の設定に際して、より幅広く情報を集めたり、「その人の生活全般」への目配りを意識することが必要になります。

なお、個別機能訓練の目標や訓練項目については、厚労省が示す「コード表」を用いた記載が必要です。詳細については、LIFEのホームページ上の「LIFEについて」↓「LIFE利活用の手引き」から、手引き内の23ページからを参照してください。

●通所介護の個別機能訓練加算の旧区分は、どう再編された?

ところで、通所介護（地域密着型含む）の個別機能訓練加算については、先に述べたように旧Ⅰ・Ⅱを再編し、従来区分をⅠ（イ、ロ）と2区分としました。つまり、この新Ⅰ（イ・ロ）に新Ⅱを上乗せするしくみとなります（新Ⅰのイ・ロの併算定は不可）。

何が変わったかといえば、機能訓練項目や訓練の対象者・実施者について、旧Ⅰ・Ⅱで算定ハードルに差をつけていたものを統一し、全体として緩和を図ったことです。

イ・ロの違いは「機能訓練指導員の専従配置（イ=配置時間の定めなし、ロ=サービス提供時間帯を通じて配置）」ですが、これも「常勤」が外れることで緩和が図られました。

個別機能訓練加算Ⅱで、LIFEに提供する情報は？（その1）

1 個別機能訓練計画書（必須）※一部提供が必要でないものもあり

1 利用者の基本情報 （利用者ニーズなど）	●利用者本人の希望 ●家族の希望 ●本人の社会参加の状況 ●利用者の居宅の環境 （環境因子） 2、3の様式を用いながら「したい（家族がしてもらいたい）生活」「している生活」を描き、当事者に確認
2 健康状態・経過 （担当ケアマネジャーを通じるなどして）主治医から情報を得る	●治療経過（手術がある場合は手術日・術式等） ●合併疾患・コントロール状態 （高血圧、心疾患、呼吸器疾患、糖尿病等） ●機能訓練実施上の留意事項 （開始前、訓練中、運動強度・負荷等）
3 個別機能訓練の目標 ※達成度も 1の利用者ニーズをもとに、担当ケアマネジャーの意見も踏まえて設定する。厚労省が示すコード表を用いること	●短期目標（今後3か月程度）と長期目標を設定 ●「機能」だけでなく「活動」「参加」にも着目した目標を ①機能→立つ、座る、歩くといった身体機能 ②活動→①の実現によって実現できるさまざまな生活行為 （例. 料理を作る、掃除・洗濯をする、など） ③参加→社会的関係の維持に関する行為 （例. 商店街に買い物に行く、囲碁教室に行く、など）
4 個別機能訓練項目 実施後の「変化」や実施によって浮上した「課題」や「要因」なども記入する	●プログラム内容 ●留意点 → 「留意点」については、2の情報をもとに設定 ●頻度、時間、主な実施者 ＋ ●利用者本人・家族等が「サービス利用時間外」に実施すること

個別機能訓練加算IIで、LIFEに提供する情報は？（その2）

2　生活機能チェックシート（必須）

利用者氏名		生年月日	年　月　日	男・女	
評価日	令和　年　月　日（　）　：　～　：			要介護度	
評価スタッフ		職種			

	項目	レベル	課題	環境（実施場所・補助具等）	状況・生活課題
ADL	食事	・自立（10）　・一部介助（5） ・全介助（0）	有・無		
	椅子とベッド間の移乗	・自立（15）　・監視下（10） ・座れるが移れない（5） ・全介助（5）	有・無		
	整容	・自立（5）　・一部介助（0） ・全介助（0）	有・無		
	トイレ動作	・自立（10）　・一部介助（5） ・全介助（0）	有・無		
	入浴	・自立（5）　・一部介助（0） ・全介助（0）	有・無		
	平地歩行	・自立（15）　・歩行器等（10） ・車椅子操作が可能（5） ・全介助（0）	有・無		
	階段昇降	・自立（10）　・一部介助（5） ・全介助（0）	有・無		
	更衣	・自立（10）　・一部介助（5） ・全介助（0）	有・無		
	排便コントロール	・自立（10）　・一部介助（5） ・全介助（0）	有・無		
	排尿コントロール	・自立（10）　・一部介助（5） ・全介助（0）	有・無		
IADL	調理	・自立　・見守り ・一部介助　・全介助	有・無		
	洗濯	・自立　・見守り ・一部介助　・全介助	有・無		
	掃除	・自立　・見守り ・一部介助　・全介助	有・無		

	項目	レベル	課題	環境（実施場所・補助具等）	状況・生活課題
起居動作	寝返り	・自立　・見守り ・一部介助　・全介助	有・無		
	起き上がり	・自立　・見守り ・一部介助　・全介助	有・無		
	座位	・自立　・見守り ・一部介助　・全介助	有・無		
	立ち上がり	・自立　・見守り ・一部介助　・全介助	有・無		
	立位	・自立　・見守り ・一部介助　・全介助	有・無		

たとえば、通所先では「介助」が必要だが、家だと居宅の環境を利用しつつ「自立」できている場合も。両者の違いがなぜ生じるのかなども分析しつつ、生活課題を掘り下げたい

たとえば、「洗濯」でも、「干す」「たたむ」などさまざまな動作が組み合わされている。どこまで「できているか」という状況をチェック

右側の自由記載項目は「必須」ではない

個別機能訓練加算Ⅱで、LIFEに提供する情報は？（その3）

3　興味・関心チェックシート（任意）

生活行為	している	してみたい	興味がある	生活行為	している	してみたい	興味がある
自分でトイレへ行く				生涯学習・歴史			
一人でお風呂に入る				読書			
自分で服を着る				俳句			
自分で食べる				書道・習字			
歯磨きをする				絵を描く・絵手紙			
身だしなみを整える				パソコン・ワープロ			
好きなときに眠る				写真			
掃除・整理整頓				映画・観劇・演奏会			
料理を作る				お茶・お花			
買い物				歌を歌う・カラオケ			
家や庭の手入れ・世話				音楽を聴く・楽器演奏			
洗濯・洗濯物たたみ				将棋・囲碁・麻雀・ゲーム等			
自転車・車の運転				体操・運動			
電車・バスでの外出				散歩			
孫・子供の世話				ゴルフ・グラウンドゴルフ・水泳・テニ スなどのスポーツ			
動物の世話				ダンス・踊り			
友達とおしゃべり・遊ぶ				野球・相撲等観戦			
家族・親戚との団らん				競馬・競輪・競艇・パチンコ			
デート・異性との交流				編み物			
居酒屋に行く				針仕事			
ボランティア				畑仕事			
地域活動（町内会 ・老人クラ ブ）				賃金を伴う仕事			
お参り・宗教活動				旅行・温泉			
その他(　　　　　)				その他(　　　　　)			
その他（　　　　　）				その他（　　　　　）			

面と向かって「チェックする」というやり方だと、本人が本音も出しづらいことが。
日々の何気ない会話等を通じて拾い出すことが望ましい。
何気なく「している」行為の中に現れることもある。

Q5 機能訓練系の加算で、科学的介護が反映されたのは？②

A アウトカム評価の「ADL維持等加算」。対象サービスも拡大

前回2018年度の改定で大きなトピックとなったのが、利用者のADL等の改善度にスポットを当てたアウトカム評価の加算——ADL維持等加算の誕生です。

2021年度の改定では、当初の算定対象である通所介護に加え、認知症対応型通所介護、特定施設入居者生活介護、特養ホーム（いずれも地域密着型含む）にも拡大されました。生活機能向上連携加算と同様に、「小さく生んで大きく広げる」という流れが形成されたわけです。

加算単位も、これまでの10倍まで大きく引き上げられました。

と同時に、算定要件も一部見直されました。そのポイントは大きく分けると3つです。

1つは、算定率が極めて低いという状況を考慮して、ADL利得（利用者のADLがどれだけ改善したかを示す指標）を算出するまでの手続きを緩和したことです。

2つめは、評価開始時点でのADL状況によって利得に差が生じやすい点を考慮したうえで、利得に上乗せを図るしくみを導入したことです。これは、クリームスキミング（状態が改善しやすい利用者を集めるといった操作）を防ぐ意味もあります。

3つめが、LIFEへの情報提供とフィードバックの活用を要件に加えたことです。情報提供のための特定の様式はなく、測定したADLデータを提供するというしくみです。

ADL維持等加算の何が変わった？

【変わった点①】適用サービスが拡大された

【改定前】
通所介護のみ
（地域密着型含む）

＋

【改定後に加わったサービス】
認知症対応型通所介護、特定施設入居者生活介護、特養ホーム（地域密着型含む）

【変わった点②】要件となる「ADL 利得」を求めるしくみが変わった

↓

次ページ見開き図参照

【変わった点③】「LIFE」との情報連携が要件に加わった

科学的介護関連

情報提供のための特定の様式は「なし」

↓ ただし

①利用者のADL データをLIFE に登録
②LIFE は①をもとに算定要件を満たしているか判定

【変わった点③】加算単位が大きく引き上げられた

【改定前】
Ⅰ 月3 単位
Ⅱ 月6 単位

評価期間満了後の翌年度内で算定

旧Ⅱは、評価期間後にも測定した場合に算定

→ 10倍！

【改定後】
Ⅰ 月30 単位
Ⅱ 月60 単位

評価期間満了後の翌月から1年間算定

新Ⅰ→平均ADL 利得が 1 以上
新Ⅱ→平均ADL 利得が 2 以上

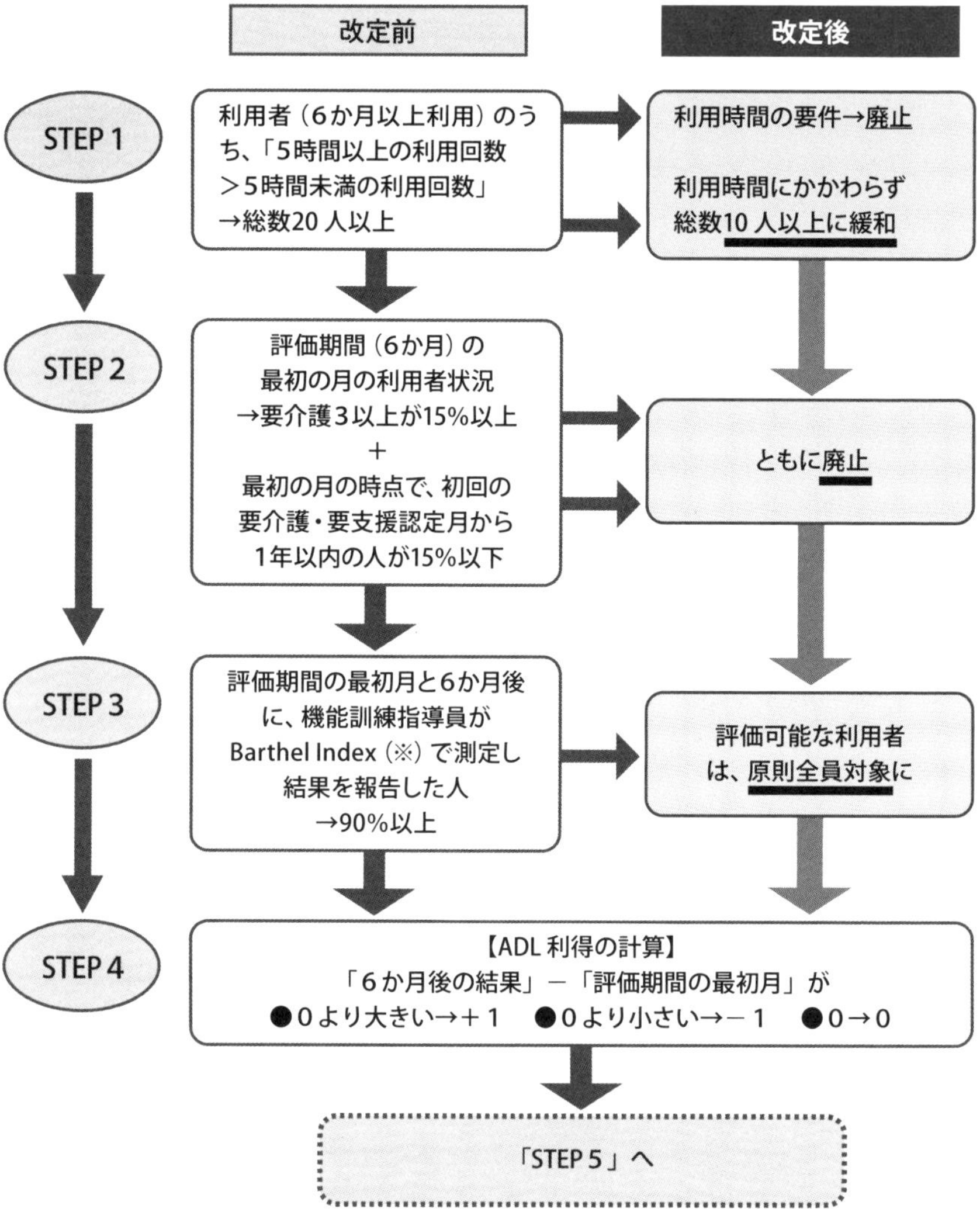
改定前
改定後
STEP 1
利用者（6か月以上利用）のうち、「5時間以上の利用回数＞5時間未満の利用回数」→総数20人以上
利用時間の要件→廃止
利用時間にかかわらず総数10人以上に緩和
STEP 2
評価期間（6か月）の最初の月の利用者状況→要介護3以上が15％以上
＋
最初の月の時点で、初回の要介護・要支援認定月から1年以内の人が15％以下
ともに廃止
STEP 3
評価期間の最初月と6か月後に、機能訓練指導員がBarthel Index（※）で測定し結果を報告した人→90％以上
評価可能な利用者は、原則全員対象に
STEP 4
【ADL利得の計算】
「6か月後の結果」－「評価期間の最初月」が
●0より大きい→＋1　●0より小さい→－1　●0→0
「STEP 5」へ

ADL維持等加算の要件【平均ADL利得の求め方】

改定前

改定後

【改定後】に新たに加わった「調整済みADL利得」の計算

評価対象利用開始月のADL値	初回の要介護認定から1年以内	初回の要介護認定から1年超
0以上25以下	0	1
30以上50以下	0	1
55以上75以下	1	2
80以上100以下	2	3

STEP4のADL利得に左の表の数値をプラス→調整済みADL利得

STEP 5

STEP 6

計算したADL利得が上位85%の人について合計する

→ 計算した調整済みADL利得で上位10%、下位10%の人を除外して平均を算出

STEP 7

0以上なら（改定前の）Iを算定

→ 平均が1以上→Iを算定
平均が2以上→IIを算定

LIFEへのデータ提供（I・IIの共通要件）

キーワード解説

※ Barthel Indexについて

ADL評価にあたり10項目を5点刻みで点数化したもの

●0、5、10、15点の4段階評価の項目→①移乗、②歩行

●0、5、10点の3段階評価の項目→③食事、④トイレ動作、⑤階段昇降、⑥着替え、⑦排便コントロール、⑧排尿コントロール

●0、5点の2段階評価の項目→⑨整容、⑩入浴

Q6 リハビリ系加算で、科学的介護が反映されたものは？

A 訪問・通所リハでの「リハビリ・マネジメント加算」など

リハビリ系サービスでは、ひと足早く「科学的介護にかかるデータのやり取り」のしくみが誕生しています。対象は「リハビリテーション・マネジメント加算」（以下、リハビリ・マネジメント加算）で、２０１８年度改定では「ＶＩＳＩＴ（30ページ参照）へのデータ提供と、フィードバックの活用」を要件とした区分Ⅳが設けられました。

すでに述べたように、ＶＩＳＩＴもＣＨＡＳＥとの一体化で、２０２１年4月からＬＩＦＥに組み込まれました。そのうえで、区分に関係なく「ＬＩＦＥとのデータ連携」が標準的な要件として定められています。また、全体の区分も大きく再編されています（次頁図参照）。

●必須様式のリハビリ計画書。改定前後で異なる部分は？

では、リハビリ・マネジメント加算の要件となる「ＬＩＦＥへの情報提供」の様式はどうなっているのでしょうか。このケースでは、４つの様式があります。

いずれも、旧Ⅳの算定に際して求められていた様式が準用されています。

リハビリテーション計画書について（必須）

基本となるのは、利用者一人ひとりのリハビリテーション計画書（以下、リハビリ計画書）です。様式の内容について、主だったものを挙げると以下のようになります。

リハビリ・マネジメント加算はどう変わったか？

【基本要件】①医師の指示 ②他事業所との情報連携
【リハビリ計画にかかる要件】③定期的評価と見直し ④（リハビリ職による）利用者への説明・同意＋医師への報告 ⑤（医師による）利用者への説明・同意
【その他の要件】⑥リハビリ会議の開催 ⑦DBへのデータ提供

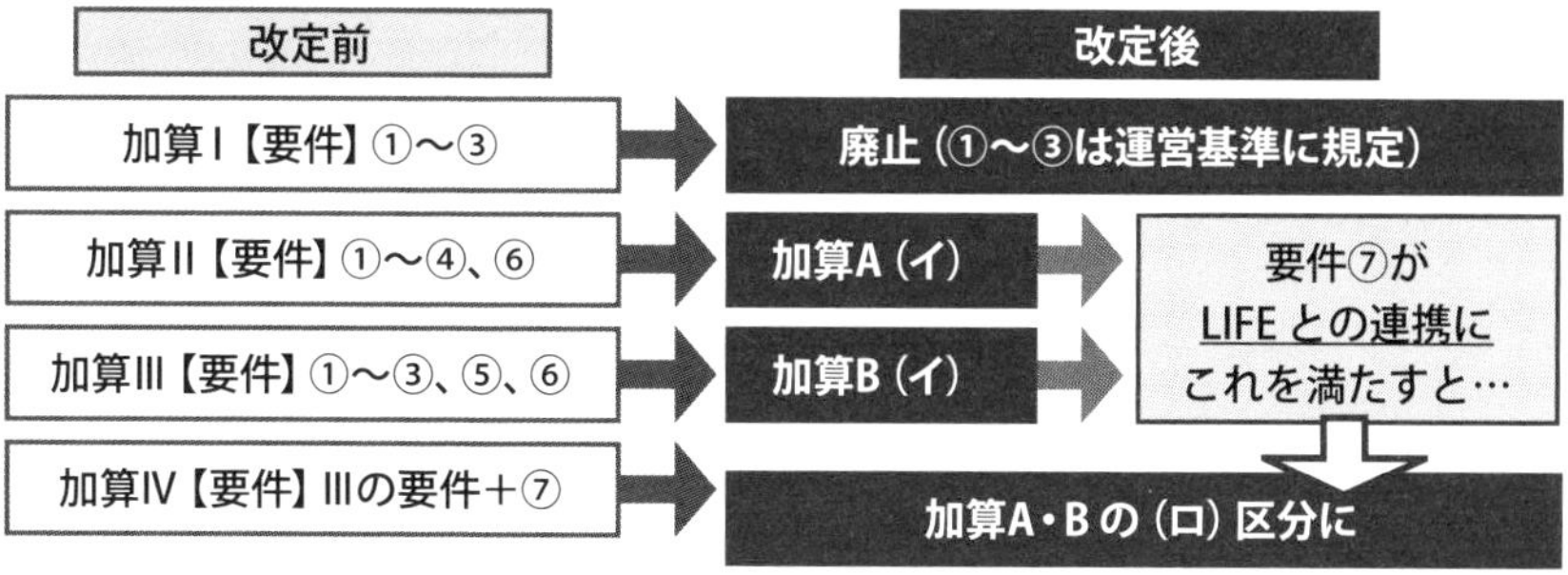
改定前
改定後
加算Ⅰ【要件】①～③
廃止（①～③は運営基準に規定）
加算Ⅱ【要件】①～④、⑥
加算A（イ）
加算Ⅲ【要件】①～③、⑤、⑥
加算B（イ）
要件⑦が
LIFEとの連携に
これを満たすと…
加算Ⅳ【要件】Ⅲの要件＋⑦
加算A・Bの（ロ）区分に

①本人および家族の希望。②健康状態・経過。③環境因子（福祉用具や住環境など）。④リハビリに向けた長・短期目標や方針、留意点。④具体的なリハビリの内容についてです。

もちろん、⑤利用者のADL・IADLの状況、⑥活動についての状況、⑦利用者の社会参加の状況について、細かく記す項目も設けられています。それぞれに、「リハビリ開始時」と「現状」について書き込むことで、進ちょく状況のデータとして反映されます。

個別機能訓練と同様に、「機能」だけでなく、「活動」と「参加」にかかる課題分析が大きなポイントです。

改定前と比べて異なっている点もいくつかありますが、特に注目したいのが、「本人・家族への生活指導の内容（自主トレ指導含む）」という項目が加わったことです。

通所介護等の個別機能訓練計画でも、「サービス利用時間外に実施する内容」を記す欄が設けられています。これと同様に、利用者の「サービス外での生活」でも、自主的な努力によって機能向上を促すという流れを強めたことになります。

●「任意」での提供となっている会議録やプロセス管理票など

リハビリ計画書以外でのデータ提供の様式は、3つあります。いずれも自由記述の欄が中心となっていて、今改定では「任意」での提供の扱いです。

興味・関心チェックシートについて

個別機能訓練加算で示した様式と同様です。詳細は57ページを参照してください。

リハビリテーション会議録について

リハビリの支援方針や、サービス提供にあたって多職種で共有すべき事項について話し合った内容を記載します。開催日時はもちろん、参加者名・職種などの記載も必要です。

リハビリ・マネジメントにおけるプロセス管理票について

利用者のリハビリ実施や会議の開催、計画の見直し、家族への指導など、その利用者への取り組み状況がどうなっているかを管理するためのシートです。

生活行為向上リハビリテーション実施計画について

生活行為向上リハビリ実施加算について解説した94ページを参照してください。

なお、介護老人保健施設では「リハビリ・マネジメント情報計画書情報加算」、介護医療院では「理学療法士等にかかる加算」について、同じ様式でのデータ提供が求められています。

リハビリ・マネジメント加算における「LIFE」への情報提供（その1）

【必須情報】リハビリテーション計画書について（その１）記す

①本人・家族の希望
- ●本人の「したい・できるようになりたい」こと
- ●家族の「本人にしてほしい生活」、家族の支援の意向

②健康状態・経過
- ①原因疾患→発症、入院、退院の日付も
- ②治療経過→手術がある場合は手術日・術式等
- ③合併疾患・コントロール状態
→高血圧、心疾患、呼吸器疾患、糖尿病など
- ④これまでのリハビリの実施状況
→プログラムの実施内容、頻度、量等

①、③が必須提供

医療リハの状況なども記す

③心身機能・構造について（その１）

●筋力低下 ●麻痺 ●感覚機能障害 ●関節可動域制限
●摂食嚥下障害 ●失語症・構音障害 ●見当識障害
●記憶障害 ●高次脳機能障害 ●栄養障害 ●褥瘡
●疼痛 ●精神行動障害（BPSD）

これらの症状について…①現在の状況の有無、②活動への支障の有無
③改善の見込みを含めた「特記事項」をそれぞれ記す

④心身機能・構造について（その２）
- ●6分間歩行試験等の結果→現在の状況、活動への支障等
- ●服薬管理→自立できているかどうか
- ●ミニメンタルステート検査（MMSE）、長谷川式スケール（HDS-R）→認知症スケールによる結果
- ●コミュニケーションの状況→将来の見込みについても記載

⑤活動について

Ⅰ．基本動作、活動範囲など
●寝返り ●起き上がり ●座位・立位保持 ●立ち上がり
Ⅱ．ADL（している状況について）
●食事 ●椅子とベッド間の移乗 ●整容 ●トイレ動作
●入浴 ●平地歩行 ●階段昇降 ●更衣
●排便・排尿コントロール

それぞれについて、リハビリ開始時点・現在の状況、改善の見込み等を記す

リハビリ・マネジメント加算における「LIFE」への情報提供（その2）

【必須情報】リハビリテーション計画書について（その2）

⑥リハビリの目標や方針、留意点等

●短期（今後3か月）・長期目標
→個別機能訓練計画書（55ページ参照）と同様に「心身機能」「活動」「参加」に着目して記す
（コード記入）
●リハビリの方針→今後3か月間（短期）の方針を記す
●本人・家族への生活指導→自主トレ指導なども含む
●リハビリ実施上の留意点
→開始前・訓練中の留意事項、運動強度・負荷量なども
●リハビリの見通しと継続理由
→医師が3か月以上の継続が必要と判断した場合に記す

利用者・家族に説明することを念頭に置きながらわかりやすく

⑦環境因子

●福祉用具や住環境→調整済みか（住環境の場合は、改修中か否か）、未調整かなどの現状についても記す
●自宅周辺、交通機関の利用、サービスの利用

上記の項目について、「課題があるか否か」をチェック。課題がある場合は、「現状と将来の見込み」について記す

⑧社会参加の状況

●家庭内の役割の内容
●余暇活動、社会地域活動→内容のほか、頻度も記す
●リハビリ終了後に行ないたい社会参加等の取り組み

上記2つについては、「過去実施していたもの」と「現状」について、本人・家族から聞き取りを行なったうえで記載する

⑨活動（IADL）

●食事の用意・片付け ●洗濯 ●掃除・整頓 ●力仕事
●買い物 ●外出 ●屋外歩行 ●趣味 ●交通の利用・旅行
●庭仕事 ●家や車の手入れ ●読書 ●仕事

それぞれに「リハ開始時」「現状」で「している頻度・時間」を点数化
例. 買い物→「していない」0点 「まれにしている」1点
「週に1回未満」2点 「週に1回以上」3点

リハビリ・マネジメント加算における「LIFE」への情報提供（その3）

⑩活動と参加に影響をおよぼす課題の要因分析
→
●活動と参加において重要性の高い課題
●活動と参加に影響をおよぼす機能障害の課題
●上記以外の「活動と参加に影響をおよぼす要因」

↓

①〜⑩までの情報をもとに具体的なリハビリ計画の内容を記す
→目標（課題）領域ごとに、期間、担当職種、具体的内容、頻度・時間を

（具体的内容について）「〜のために〜をする」という目的を明らかに

↓

連携する他事業所や担当ケアマネジャーと共有すべき事項も記す
（連携対象先とは、リハビリ計画書の写しを共有）

【任意情報】について

興味・関心チェックシート	57ページ参照
リハビリ会議録	リハビリ・マネジメント加算の全区分で必須となった「リハビリ会議」の記録 ●「リハビリの支援方針・内容」のほかサービス提供にあたっての「共有事項」も ●会議出席者の所属・氏名を記す。不参加の場合は、その理由も記す
リハビリ・マネジメントにおけるプロセス管理票	●プロセスごとの「参加者」「内容」を記す ●利用者・家族への説明や会議、情報伝達時における日付・参加者・同意の状況なども
生活行為向上リハビリ実施計画書	●「心身機能」「活動」「参加」の領域ごとの「プログラム」と「自己訓練」の内容を記す ●「通所訓練期」と「社会適応訓練期」に分ける

Q7 口腔機能系加算で、科学的介護が反映されたものは？

A 施設系は口腔衛生管理加算、通所系等では口腔機能向上加算

●施設系の口腔衛生関連加算を再編。ＬＩＦＥ連携はどこで？

まず施設系サービスです。改定前は、①口腔ケアにかかる現場職員への（歯科医師や歯科衛生士による）助言・指導を評価した「口腔衛生管理体制加算」と、②利用者ごとの口腔衛生の管理を評価した「口腔衛生管理加算」の２段構えになっていました。

今改定では、①が廃止されて、その要件は運営基準に組み込まれました（同じ加算が適用されていた特定施設入居者生活介護〈介護付きホーム〉は、そのまま）。

そのうえで、②が２区分となりました。新区分（Ⅱ）は「ＬＩＦＥとの情報連携」を要件とし、加算単位も旧区分（Ⅰ）より月20単位アップしています。

その新Ⅱの「ＬＩＦＥへの情報提供」ですが、これは口腔衛生管理加算を算定するための様式（口腔衛生管理に関する実施記録）を用いて行なわれます。

この様式の構成は、大きくは5項目で構成されています。①基本情報、②利用者の口腔に関する問題点、③（歯科医師の指示にもとづいて）利用者に行なっている管理内容、④歯科衛生士が実施した管理内容と介護職員への技術的助言等、⑤その他の事項といった具合です。

改定前から変わった点は、以下のようになります。

施設系サービスの「口腔衛生管理加算」

【改定前】
口腔衛生管理加算 月90単位

→

【改定後】
口腔衛生管理加算Ⅰ 月90単位
（Ⅰは旧加算と同じ）
口腔衛生管理加算Ⅱ　月110単位

なお、口腔衛生管理体制加算は
廃止→基本報酬に組み込み
（年２回以上の技術的指導を基準化）

↓

LIFEへの情報提供と
フィードバック活用が要件にプラス

↓

口腔衛生管理加算Ⅱで提出が求められる情報
※入れ歯の使用や食形態などの基本情報を記したうえで、以下の情報を記入

1．口腔に関する問題点（スクリーニング）※以下の問題があるかどうか
●口腔衛生状態→歯の汚れ、義歯の汚れ、舌苔（ぜったい）、口臭
●口腔機能の状態→食べこぼし、舌の動きが悪い、むせ、痰がらみ、口腔乾燥

2．口腔衛生の管理内容（アセスメント）※指示を行なった歯科医師名も記入
●実施目標
→①歯科疾患のレベル、②口腔衛生で必要なこと、③「摂食・嚥下機能」「食形態」「栄養状態」で目指すレベル（維持か改善か）、④誤嚥性肺炎の予防 など
●実施内容（※該当するものをチェック）
→①口腔の清掃、②口腔の清掃に関する指導、③義歯の清掃、④義歯の清掃に関する指導、⑤摂食・嚥下等の口腔機能に関する指導、⑥誤嚥性肺炎の予防に関する指導
●実施頻度（※該当するものをチェック）
→①月４回程度、②月２回程度、③月１回程度、④その他

3．歯科衛生士による口腔衛生等の管理、技術的助言等 ※該当するものをチェック
●口腔衛生等の管理
→①口腔の清掃、②口腔の清掃に関する指導、③義歯の清掃、④義歯の清掃に関する指導、⑤摂食・嚥下等の口腔機能に関する指導、⑤誤嚥性肺炎の予防に関する指導
●介護職員への技術的助言等の内容
→①入所者のリスクに応じた口腔清掃等の実施、②口腔清掃にかかる知識、技術の習得の必要性、③食事の状態、④食形態等の確認、⑤現在の取り組みの継続

まず、①について「実施されている食形態」と「誤嚥性肺炎の既往」がプラスされたこと。もう一つは、③によって「介護職員が実施している内容」についての課題分析（アセスメント）を行なったことです。つまり、②でスクリーニングを行ない、③でアセスメントし、④の助言等によってどのように課題解決がなされているかという道筋を明らかにしたわけです。

●口腔機能向上加算に新区分。ＰＤＣＡサイクルの基本を押さえ

利用者の口腔機能の向上に向け、通所系や小規模多機能型系、居住系で導入されているのが、口腔機能向上加算です。この加算にも、「ＬＩＦＥとの情報連携」を要件とした新区分（Ⅱ）が誕生しました。１回あたり旧区分（Ⅰ）に10単位上乗せ（１６０単位）されています。

こちらの情報提供は、「口腔機能向上サービスに関する計画書（図参照）」にもとづきます。ポイントは、①やはり基本情報に「食形態」の記入欄があること。②利用者の口腔機能の状態について、スクリーニングからアセスメント、実施計画（目標設定など）、実施した指導等の有無というＰＤＣＡサイクルを前提とした流れが示されていることです。

施設系の口腔衛生管理の実施記録と比べると簡易ですが、「現場でどのようなケアを進めていくか」という基本は同じと考えていいでしょう。

なお、最初のスクリーニングに関しては、栄養スクリーニングと一体化させた新加算が誕生していいます。ＬＩＦＥ連携は要件となっていませんが、口腔機能向上に向けた取り組みの質をさらに底上げするという点で注目したいものです（詳細は74ページ参照）。

通所系、小規模多機能系、居住系の「口腔機能向上加算」

【改定前】
口腔機能向上加算 1回150単位

原則3月以内、月2回を限度

→

【改定後】
口腔機能向上加算Ⅰ 1回150単位
（Ⅰは旧加算と同じ）
口腔機能向上加算Ⅱ 1回160単位

↓

LIFEへの情報提供とフィードバック活用が要件にプラス

↓

口腔機能向上加算Ⅱで提出が求められる情報
※入れ歯の使用や食形態などの基本情報を記したうえで、以下の情報を記入

1．スクリーニング、アセスメント、モニタリング
●口腔衛生状態（※「あり」「なし」「分からない」でチェック）
→①口臭、②歯の汚れ、③義歯の汚れ、④舌苔
●口腔機能（※「あり」「なし」「分からない」でチェック）
→①食べこぼし、②舌の動きが悪い、③むせ、④痰がらみ、⑤口腔乾燥
●特記事項（※該当する場合にチェック）
→①歯（う蝕、修復物脱離等）、義歯（義歯不適合等）、歯周病、口腔粘膜（潰瘍等）の疾患の可能性、②音声・言語機能に関する疾患の可能性

2．口腔機能改善管理計画 ※該当するものをチェック
●計画立案者、サービス提供者のそれぞれの職種
→①看護職員、②歯科衛生士、③言語聴覚士
●目標（※①～④は「維持」or「改善（具体的な状況）」）
→①口腔衛生、②摂食・嚥下機能、③食形態、④音声・言語機能、⑤誤嚥性肺炎の予防
●実施内容
→①摂食・嚥下等の口腔機能に関する指導、
②口腔清掃、口腔清掃に関する指導、
③音声・言語機能に関する指導

←「実施内容」については、実際に行なった場合の記録も

Q8 栄養改善系加算で、科学的介護が反映されたものは？

A 施設系は栄養マネジメント強化加算、通所系等で栄養アセスメント加算

●栄養マネジメント加算を廃止して、ＬＩＦＥ連携が要件の新加算

施設系には、さまざまな栄養改善にかかる加算があります。これも今改定で、既存加算の廃止や新設などの大幅な再編が行なわれました。

まず廃止されたのは、栄養マネジメント加算です。管理栄養士を配置して、入所者全員の栄養ケア・マネジメントを行なうことを要件とした加算でした。

廃止により、要件で示された取り組みが運営基準に組み込まれました。その基準を満たさないと、今後は減算（栄養ケア・マネジメントの未実施減算。１日14単位）が適用されます。

栄養ケアの底上げを目指した厳しい改定ですが、３年の経過措置が設けられています。

この旧・栄養マネジメント加算は、利用者全員が対象でした。一方、低栄養リスクが高い人への栄養改善を評価していたのが低栄養リスク改善加算です。これも今改定で廃止されました。

その代わりに、「低栄養リスクが低い人」も含めて、状態変化に応じた早期対処を強化した「栄養マネジメント強化加算（１日11単位）」が新設されました。

この新設された加算で、ＬＩＦＥとの連携が要件となっています。どのような情報を提供すればいいかという様式例については、図を参照してください。

施設系サービスの栄養関連加算はどう変わった？

【改定前】

栄養士を配置して、利用者の栄養管理を計画的に実施
→栄養マネジメント加算
1日14単位

【改定後】

廃止（基本報酬に組み込み）
基準化された要件を満たせないと
→栄養ケア・マネジメントの未実施
1日14単位減算（3年の経過措置）

基準を満たしたうえで…＋

【改定前】

低栄養リスクが「高い」人を対象とした栄養改善の取り組み
→低栄養リスク改善加算
月300単位

廃止＆再編

【改定後】

低栄養リスクが「低い」人も問題を早期に発見して対応
→栄養マネジメント強化加算
1日11単位

LIFEへの情報提供とフィードバックの活用が要件に

経口維持加算を算定している場合は、摂食・嚥下機能検査の情報等をプラス

通所系サービスの栄養関連加算はどう変わった？

【改定前】

介護職でも実施可能な栄養スクリーニング（状況把握）
→栄養スクリーニング加算
1回5単位

【改定後】

口腔と栄養のスクリーニングを一体的に実施（Ⅰで両方、Ⅱでどちらか）
→口腔・栄養スクリーニング加算
Ⅰ 1回20単位 Ⅱ 1回5単位

上記Ⅰとの併算定は不可

【改定前】

専門職（管理栄養士）がかかわることで、栄養改善が必要な者をより的確に把握することが必要という課題

【改定後】

【新設】栄養アセスメント加算
月50単位
（看護小規模多機能型も算定対象に）

LIFEへの情報提供とフィードバックの活用が要件に

管理栄養士は外部（地域の栄養ケア・ステーションなど）との連携でもOK

●通所系では、専門職関与を強化した栄養アセスメント加算

一方、通所系（＋看護小規模多機能型）の栄養改善にかかる加算も再編されました。

改定前は、①栄養スクリーニング加算で「利用者の栄養状態」の把握を評価し、②栄養改善加算で低栄養リスクがある利用者に対する取り組みを評価する——という流れがありました。

このうち①については、前項でも述べたとおり、口腔スクリーニングとの一体的な評価を行なうしくみ（口腔・栄養スクリーニング加算）となりました。

一方、②は残りましたが、一部要件に上乗せが行なわれています。それは、家での食事の状況に課題がある場合、「居宅を訪問して食事指導などを行なう」というものです。この要件が上乗せされた分、単位が引き上げられました（1回150単位→200単位）。

さて、課題となったのは、①→②の間です。①のスクリーニング加算は、管理栄養士等の専門職がかかわらなくても「介護職等でできる」しくみとなっていました。

しかし、低栄養リスクを把握するうえで、専門職の関与の強化も求められました。そこで、（外部との連携も含めて）管理栄養士を1名配置し、より詳細な栄養課題の把握（アセスメント）を行なった場合の評価が新設されました（口腔・栄養スクリーニング加算Ⅰとの併算定は不可）。

これが、栄養アセスメント加算（月50単位）です。この新設加算において、やはりＬＩＦＥとの情報のやり取りが要件の一つに定められました。情報提供の様式は、施設の「栄養マネジメント強化加算」に準じたものとなっています（図参照）。

施設の「栄養マネジメント強化加算」と通所等の「栄養アセスメント加算」——LIFEに提供する情報とは？

栄養・摂食嚥下にかかる情報

施設系で「口腔維持加算」を算定する場合の上乗せで必要な情報を除く

スクリーニング、アセスメント、モニタリングの実施日・担当者を記入

↓

1．低栄養状態のリスク（状況）

①身長、②体重、③３％以上の体重減少率（１・３・６か月あたり）

④血清アルブミン値、⑤褥瘡の有無

⑥栄養補給法→「経口」「一部経口」「経腸栄養」「静脈栄養」

↓

2．食生活状況等

●栄養補給の状態（割合<%>で記す）

→①食事摂取量、②主食摂取量、③主菜・副菜の摂取量、④その他

●現体重あたりの栄養量（エネルギー、タンパク質）

→①摂取栄養量、②提供栄養量、③必要栄養量

●食事の形態など

→①嚥下調整食の必要性の有無、②食事の形態

（日本摂食嚥下リハビリ学会の嚥下調整食コード分類に沿って記入する）

③とろみ（薄い・中間・濃い）、

④食事の留意事項の有無（療養食の指示、薬剤影響食品、アレルギー等）

●本人の食事に関する反応

①本人の意欲、②食欲・食事の満足感、③食事に対する意識

（①…よい、まあよい、ふつう、あまりよくない、よくないの５段階

②、③…大いにある、ややある、ふつう、ややない、まったくないの５段階）

↓

3．多職種による栄養ケアの課題（低栄養関連問題）

●口腔関係（該当する状況をチェック）

→①安定した正しい姿勢が自分でとれない、②食事に集中することができない、③食事中に傾眠や意識混濁がある、④歯（義歯）のない状態で食事をしている、⑤食べ物を口腔内に溜め込む、⑥固形の食べ物を咀しゃく中にむせる、⑦食後、頬の内側や口腔内に残渣がある、⑦水分でむせる、⑧食事中、食後に咳をすることがある、⑨その他気が付いた点

●その他（褥瘡・生活機能関係、消化器官関係、水分関係、代謝関係、心理・精神・認知症関係、医薬品）→様式に示された項目の該当箇所をチェック

Q9 施設系で誕生の「自立支援促進加算」とは何か？

A 科学的介護に基づき、重度者の「寝たきり」防止などを目指す

今改定では、施設系サービスに新たな自立支援系の加算が誕生しました。それが、「自立支援促進加算」です。やはり科学的介護（ＬＩＦＥとのやり取り等）が要件となります。

加算の目的は、重度者であっても「寝たきり」等を防ぎ、本人の尊厳保持と自立した日常生活を目指すこと。これにより、利用者全員を対象に月３００単位が加算されます。

施設としては大きな増収ですが、その分、算定ハードルは高くなっています。

①医師が「利用者全員」の医学的評価を「定期的（少なくとも半年に1回）」に行ないます。

②①を受けて、多職種によって「特に自立支援が必要な人」を選びます。

③②の人に対し、多職種共同で支援計画を作成し、計画にもとづいた支援を行ないます。この計画は、少なくとも3か月に1回見直すことが必要です。

この要件を見ても分かるとおり、基本的には、これまでも施設で行なってきた取り組みへの評価といえます。ただし、「医師の見立て」をベースとしながら、「取り組みの標準化と底上げ」が目指されている点に注意が必要です。

なお、①の医学的評価やアセスメントの結果、③の支援計画や実際に行なった支援の実績などについて、所定の様式をもってＬＩＦＥに情報提供を行なわなければなりません。

施設系サービスの新加算「自立支援促進加算」

自立支援促進加算 算定の道筋

STEP 1 医師による医学的評価と日々の過ごし方等にかかるアセスメント

- ●対象は？→すべての利用者
- ●どんな頻度で？→入所時と少なくとも6か月ごとに

↓

STEP 2 STEP1の医学的評価等で、特に自立支援の対応が必要な人を選定

↓

STEP 3 STEP2の対象者について自立支援にかかる計画を作成しケアを実施

- ●誰が計画を作成する？
→医師、看護職員、介護職員、ケアマネジャー、その他の職種が共同で手掛ける

計画は少なくとも3か月に1回見直し

●どんなケアを実施？
（個々の入所者や家族の希望に沿うことを前提に…）
①尊厳の保持に資する取り組みや本人を尊重する個別ケア
②寝たきり防止に資する取り組み、
③自立した生活を支える取組み、
④廃用性機能障害に対する機能回復・重度化防止の取り組みなど

↓

注意！
- ●画一的な支援計画による取り組み
- ●リハビリや機能訓練のみを実施

→ いずれもNG 個別的・包括的であることが重要

↓

STEP 4 「STEP1」によって得られた情報＋支援計画＋支援実績をLIFEに提供し、フィードバック情報を計画の見直しに活かす

（科学的介護に関連する要件）

↓

以上のSTEPをクリアした場合に全入所者に対して月300単位

Q10 自立支援促進加算で、LIFEに提供する情報は？

A 医学的評価から、アセスメント情報、支援計画、支援実績など

新設された自立支援促進加算で、LIFEに具体的にどのような情報を提供すればいいのでしょうか。国が示した様式をもとに、ポイントを挙げてみましょう。

◎現状の評価と支援計画実施による改善の可能性

まず、利用者全員に対して行なった「医学的評価」や「アセスメント」にかかる情報です。基本動作については、利用者が日常生活の中で「できているADL動作」をチェックします。

難しいのは、機能回復や重度化防止について、「どこまで期待できるか」を記す点でしょう。これも「医師の見立て」が中心となりますが、その他の職種としても「現場で利用者と向き合った」際の感触をもって、医師としっかりコミュニケーションをとることが求められます。

◎支援計画（支援計画を作成した利用者について）

「離床・基本動作」「ADL動作」「日々の過ごし方」「訓練の提供（訓練時間等）」という4つの視点から、自由書式で支援計画の内容を記します（LIFEへの必須情報には含まれない）。

◎支援の実績（あるいは「しているADL動作」）

支援計画にもとづいて「行なっている支援」の実績をチェックします。支援計画作成の対象となっていない利用者については、日常生活の中で「しているADL動作」を評価します。

「自立支援加算」にかかるLIFEへの情報提供（その1）

1．現状の評価について（医学的評価＆アセスメント）

●診断名（特定疾病や生活機能低下の直接原因となっているものから記す）
●特定疾病・生活機能低下の直接原因となっている疾病の経過および治療内容
●日常生活の自立度等について
→①障害高齢者（寝たきり度）、②認知症高齢者
●基本動作（自立、見守り、一部介助、全介助で評価）
→①寝返り、②起き上がり、③座位の保持、④立ち上がり、⑤立位の保持
●日常生活上の「できるADL動作」
（評価方法は、科学的介護推進体制加算の項　48ページ参照）
→①食事、②椅子とベッド間の移乗、③整容、④トイレ動作、⑤入浴、⑥平地歩行、④階段昇降、⑤更衣、⑥排便コントロール、⑦排尿コントロール

↓

2．必要な支援計画とそれによる自立支援・重度化防止の効果の見通し

●廃用性機能障害に対する自立支援の取組による機能回復・重度化防止の効果
①「期待できるかどうか」をまず記す
②「期待できる」→項目をチェック（基本動作・ADL・IADL・社会参加・その他）
③「リハビリ・機能訓練の必要性」→「あり」「なし」でチェック
●尊厳の保持と自立支援のために必要な支援計画（※該当するものにチェック）
→①尊厳の保持に資する取組、②本人を尊重する個別ケア、③寝たきり防止に資する取組、④自立した生活を支える取組
●医学的観点からの留意事項（※「あり」の場合に具体的な指示を記入）
→①血圧、②移動、③摂食、④運動、⑤嚥下、⑥その他

↓

3．支援計画（※それぞれについて具体的な支援計画を記入）

→①離床・基本動作について、②ADL動作について、③日々の過ごし方等について、④訓練の提供について（訓練時間等）

「自立支援加算」にかかるLIFEへの情報提供（その2）

4．支援実績について①

離床・基本動作

・**離床**
□あり　□なし
１日あたり（　）時間

・**座位保持**
□あり　□なし
１日あたり（　）時間
（内訳）
ベッド上（　）時間
車椅子（　）時間
普通の椅子（　）時間
その他（　）時間

リクライニングは除く

・**立ち上がり**
□あり　□なし
１日あたり（　）回

１日の中で様々な様式で排泄を行なう場合は、最も多く行なう様式で

個人の習慣や希望、生活リズムなどをきちんとくむことが重要に

ADL動作（している動作）

・**食事**
（自立・見守り・一部介助・全介助）
□居室外（普通の椅子）
□居室外（車椅子）
□ベッドサイド
□ベッド上　□その他
食事時間や嗜好への対応
□有　□無

・**排せつ（日中）**
（自立・見守り・一部介助・全介助）
□居室外のトイレ
□居室内のトイレ
□ポータブル
□おむつ　□その他
個人の排泄リズムへの対応
□有　□無

・**排せつ（夜間）**
（自立・見守り・一部介助・全介助）
□居室外のトイレ
□居室内のトイレ
□ポータブル
□おむつ　□その他
個人の排泄リズムへの対応
□有　□無

・**入浴**
（自立・見守り・一部介助・全介助）
□大浴槽　□個人浴槽
□機械浴槽　□清拭
１週間あたり（　）回
マンツーマン入浴ケア
□有　□無

「自立支援加算」にかかるLIFEへの情報提供（その３）

４．支援実績について②

日々の過ごし方等	訓練時間
・本人の希望の確認 １月あたり（　）回 ・外出 １週間あたり（　）回 ・居室以外（食堂・デイルームなど）における滞在 １日あたり（　）時間 ・趣味・アクティビティ・役割活動 １週間あたり（　）回 ・職員の居室訪問 １日あたり（　）回 ・職員との会話・声かけ １日あたり（　）回 ・着替えの回数 １週間あたり（　）回 ・居場所作りの取組 □有　□無	・リハビリ専門職による訓練 □あり　□なし １週間あたり（　）時間 ・看護・介護職による訓練 □あり　□なし １週間あたり（　）時間 ・その他の職種 □あり　□なし １週間あたり（　）時間

利用者・家族と相談し、
可能な限り自宅での生活と
同様の暮らしを
続けられるようにする

たとえば、食事にしても、読書にしても、
グループではなく「一人で」という人もいる。
そうした人の意向を汲んだ居場所づくりができているかどうか

Q11 褥瘡防止や排せつ支援にかかる加算については？

A 褥瘡マネジメント加算と排せつ支援加算でも、ＬＩＦＥとの連携が要件に

施設系サービス等（看護小規模多機能型含む）において、２０１８年度の改定で誕生した２つの加算があります。それが、褥瘡マネジメント加算と排せつ支援加算です。

いずれも、重度化リスクの高い利用者のリスク軽減を図ったものです。

この２加算については、「ＬＩＦＥとの情報のやり取り」などのプラス要件が設けられたほか、アウトカム評価（ケアの結果に対する評価）を導入した新区分が生まれています。

●褥瘡マネジメント加算で、「実際に褥瘡発生を防いだ」ことを評価

褥瘡マネジメント加算の「改定前」の算定要件をまとめると、次のようになります。

①（原則として）利用者全員の褥瘡リスクを評価する→②①の評価で「リスクあり」とされた人について、多職種で褥瘡管理のためのケア計画を作成する→③②のケア計画にもとづいて対象者の褥瘡管理を行ない、状態を記録する→④②のケア計画は３か月に１回見直す。

今回の見直しでは、①の評価と②のケア計画ついての情報について、「褥瘡対策に関するスクリーニング・ケア計画書」の様式でＬＩＦＥに提供することを求めています（ポイントは図参照）。また、④の見直しに際して、ＬＩＦＥからのフィードバック情報を活用します。

加えて大きな見直しとなったのが、アウトカム評価の導入です。

施設系の「褥瘡マネジメント加算」はどう変わった？

（看護小規模多機能型も算定対象に）

【改定前】
1月10単位
（3か月に1回を限度）

→

【改定後】
Ⅰ　1月3単位
Ⅱ　1月13単位

Ⅰ、Ⅱは
併算定不可

【ⅠとⅡに共通する要件】
①全入所者→「入所時」&「少なくとも3か月に1回」褥瘡リスクを評価
②①の結果「リスクあり」とされた人→多職種で褥瘡ケア計画を作成
③②の計画に従って褥瘡管理を実施し、経過を記録する

＋

【Ⅱの上乗せ要件（アウトカム評価）】
「リスクあり」の入所者に
「褥瘡の発生がない」こと

①の評価情報をLIFEに提供し、
フィードバックされた分析結果を
褥瘡管理に活かす

↓

どのような情報を提供するのか？（「褥瘡の有無」に加えて）

1．（褥瘡の）危険因子の評価
※「自分で行なっている・いない」（③④については「あり」「なし」）
①ADLの状況→入浴、食事摂取、更衣（上下）
②基本動作→寝返り、座位の保持、
　座位での移乗、立位の保持
③排せつの状況→尿・便失禁、バルーンカテーテル使用
④過去3か月以内の褥瘡の既往

「自分で行なっていない」「あり」が1つ以上ある場合は、ケア計画作成の対象に

↓

2．褥瘡の状態の評価
①深さ→皮膚損傷がどこまで進んでいるか
②浸出液→ドレッシング交換の頻度など
③大きさ　④炎症・感染　⑤肉芽組織　⑥壊死組織　⑦ポケット

状態評価については、日本褥瘡学会のコンセンサス・ドキュメントを参照

↓

3．褥瘡ケア計画（自由書式）※LIFE提供の必須項目外
①留意する項目　②関係職種が共同で取り組むべき事項　③評価の感覚
④圧迫・ズレ力の排除（体位変換、体圧分散寝具の使用など）
⑤スキンケア　⑥栄養状態確認　⑦リハビリテーション など

具体的には、①で「褥瘡リスクあり」とされた利用者に、「褥瘡の発生がない」ことです。これを満たした場合に、月あたり＋10単位（計13単位）の区分（Ⅱ）が算定できます。

●排せつ支援加算では、「おむつ使用なし」への変化等でアウトカム評価

次に、自立支援の大きな指標の一つである「排せつ」にかかる支援加算です。

「改定前」の算定要件は、次のようになっていました。

①排せつに介護を要する利用者が対象→②①の利用者で「要介護状態の軽減が見込まれる」と医師・看護師が判断→③多職種共同で支援計画を作成し、支援を継続的に実施する。

今回の見直しでは、①の対象者を（原則として）全利用者にまで広げました。と同時に、②に際しての評価や③の計画にかかる情報をＬＩＦＥに提供することになりました。

これを満たせば、基本となるⅠ（月10単位。利用者全員の算定が可能）が算定できます。

気になるのは、アウトカム評価ですが、指標は2つあります。

1つは、「排尿・排便のいずれか一方の要介護状態」が改善していること（いずれかの悪化もないこと）。もう1つは、「おむつ使用ありから、使用なし」に改善していることです。

この2つのうち、「いずれか」が達成できれば、その対象者についてⅡ（月15単位。つまりⅠ＋5単位）が算定できます。また、「いずれも」達成できた場合には、Ⅲ（月20単位。つまり、Ⅰ＋10単位）の算定が可能となります（なお、Ⅰ～Ⅲは併算定不可）。

施設系の「排せつ支援加算」はどう変わったか？

（看護小規模多機能型も算定対象に）

【改定前】
1月100単位
（6か月以内）

→

【改定後】（Ⅰ～Ⅲは併算定不可）
Ⅰ　1月10単位
Ⅱ　1月15単位
Ⅲ　1月20単位

6か月以降も
継続算定可能

↓

アウトカム評価

【Ⅱの追加要件】
A.排尿・排便の少なくとも一方が改善（悪化なし）
もしくは
B.「おむつ使用あり」から「使用なし」に改善

【Ⅲの追加要件】
上記A＋上記B

＋

【Ⅰ～Ⅲの共通要件】
①原則として全利用者の排せつ状況について
→「入所時」&「少なくとも6か月に1回」に
医師・看護師が要介護状態の軽減の見込みを評価
②①で「要介護状態の軽減が見込まれる人」
→多職種協働で支援計画を作成し、支援を実施
③少なくとも3か月に1回、計画を見直し

↓

①の評価情報をLIFEに提供し、フィードバックされた分析結果を褥瘡管理に活かす

↓

どのような情報を提供するのか？

1．排せつの状態および今後の見込み

	施設入所時	評価時	3か月後の見込み 支援を行った場合	3か月後の見込み 支援を行わない場合
排尿の状態	介助されていない 見守り等 一部介助 全介助	介助されていない 見守り等 一部介助 全介助	介助されていない 見守り等 一部介助 全介助	介助されていない 見守り等 一部介助 全介助
排便の状態	介助されていない 見守り等 一部介助 全介助	介助されていない 見守り等 一部介助 全介助	介助されていない 見守り等 一部介助 全介助	介助されていない 見守り等 一部介助 全介助
おむつ使用の有無	なし あり（日中のみ・夜間のみ・終日）	なし あり（日中のみ・夜間のみ・終日）	なし あり（日中のみ・夜間のみ・終日）	なし あり（日中のみ・夜間のみ・終日）
ポータブルトイレ使用の有無	なし あり（日中のみ・夜間のみ・終日）	なし あり（日中のみ・夜間のみ・終日）	なし あり（日中のみ・夜間のみ・終日）	なし あり（日中のみ・夜間のみ・終日）

※排尿・排便の状態の評価については「認定調査員テキスト2009改訂版（平成30年4月改訂）」を参照。

2．排せつの状態に関する支援の必要性→「あり」「なし」でチェック

「あり」の場合 →「排せつに介護を要する要因」と「支援計画」を記入

Q12 「薬剤系」の加算で、科学的介護に関係するものは？

A かかりつけ医と連携しての薬剤調整の加算（老健）など

介護保険施設の一部で、利用者の薬剤管理にかかる加算があります。

1つは、介護老人保健施設の「かかりつけ医連携薬剤調整加算」。もう1つは、介護医療院の「薬剤管理指導」です。この2つについて、科学的介護の導入による見直しが行なわれました。

前者は、2018年度に設けられた加算で、かかりつけ医と連携しつつ、入所者が服薬している薬剤の評価や調整を行なうことを評価したものです（改定前は、退所時1回125単位）。なお、入所者の「減薬」につながった場合のアウトカムも評価されます。

今改定では、この加算が3つの区分に再編されました。基本となるのはⅠで、かかりつけ医との連携の実務を評価したものです（退所時1回100単位）。

科学的介護が関係するのは、Ⅱです。要件は、①Ⅰを算定したうえで、②入所者の薬剤情報などをLIFEに提供し、③薬物療養実施のためにLIFEからのフィードバック情報を活用することです。これにより、Ⅰに240単位が上乗せされます。

改定前のアウトカム評価が反映されているのが、Ⅲです。Ⅰ・Ⅱの算定に加えて「退所時に1種類以上の減薬」を実現することを評価したもので、100単位が上乗せされます。

介護医療院の薬剤管理指導については、図を参照してください。

薬剤系の加算はどう変わったのか？

❶ かかりつけ医連携薬剤調整加算【介護老人保健施設】

【改定前】
125単位（退所時1回）

●対象者　入所時に6種類以上の内服薬が処方されている
↓
●要件①　主治医と老健側の医師が共同で評価・調整し、内服薬の減少について合意
●要件②　①の合意内容にもとづき、退所時までに内服薬を1種類以上減少（アウトカム評価）

【改定後】（退所時1回）
Ⅰ 100単位
Ⅱ 240単位

内服数要件はⅢのみ

【Ⅰの要件】
①老健側の医師・薬剤師が、関連ガイドラインを踏まえた薬物療法の研修を修了
②「処方内容を変更する可能性」を、入所後1月以内に主治医に説明し合意を得る
③処方内容に変更がある場合には、その経緯等を退所時または退所後1月以内に主治医に情報提供

【Ⅱの要件】
①Ⅰの要件を満たすこと
②入所者の服薬情報を厚労省に提出

【Ⅲ（アウトカム評価）の要件】
①Ⅰ・Ⅱの要件を満たすこと
②改定前の「対象者」および「要件②」

「薬剤変更等にかかる情報提供書（主治医に提出するもの）」の情報（以下参照）をLIFEに提供し、分析のフィードバックを受けて入所者の薬剤管理に活かすこと
①入所時の処方と退所時の処方 ②処方薬について検討したこと
③変更・減薬・減量があった場合→その理由や変更後の関連情報

❷ 薬剤管理指導【介護医療院】

【改定前】
350単位（週1回、月4回まで）

【改定後】（上乗せ単位の新設）
350単位＋月20単位

【上乗せの要件】
入所者の服薬情報を厚労省に提出

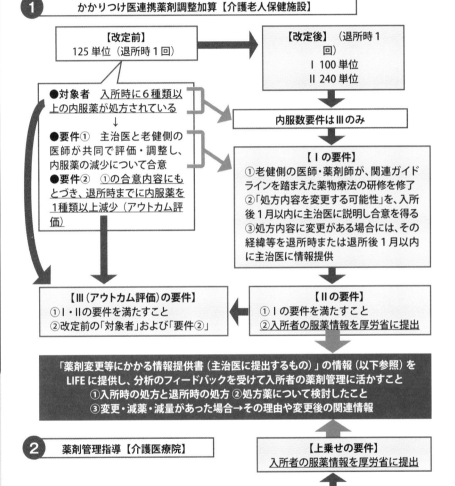

Q13 運営基準上での科学的介護の取り扱いは？

A 全サービスで「LIFE活用」の努力義務が定められた

ここまで、科学的介護にかかる加算について取り上げてきました。

一方で、運営基準の改定でも科学的介護をめぐる規定が定められました。こちらは、すべてのサービスを対象とした「努力義務」の規定です。

具体的には、「一般原則」として、「サービスを提供するにあたっては、（介護保険）法第118条の2第1項に規定する介護保険等関連情報、その他必要な情報を活用し、適切かつ有効に行なうよう努めなければならない」というものです。

44ページで述べたとおり、介護保険法第118条の2第1項に規定する情報には、言うまでもなく「LIFEの情報」も含まれます。そのうえで、厚労省の示す解釈基準では、「LIFEに情報を提供し、フィードバックを受けることが望ましい」としています。

要するに、科学的介護にかかる加算を取得しない場合でも、①LIFEに情報を提供し、②フィードバックを受けることが望ましく、そのうえで、③LIFEの情報を活用しつつPDCAサイクルの構築・推進を図ることを努力義務として求めているわけです。

「努力義務だから」と軽く考えてはいけません。2025年に向けて、たとえば直前の2024年改定でより強い「義務化」が図られる可能性もあると考えるべきでしょう。

運営基準上での科学的介護の取り扱い

全サービスに共通した一般原則

サービス提供にあたって…
介護保険法第118条の２第1項に規定する介護保険等関連情報を
①活用し、②サービスを有効かつ適切に行なうよう
「努めなければならない」（努力義務）

解釈基準より

要介護認定等情報・介護レセプト情報のほかLIFEにかかる情報なども含まれる

PDCAサイクルの構築・推進すること（「C」においてLIFE等の情報を活用する）

上記の場合において
LIFEに情報を提供し、フィードバック情報を
活用することが「望ましい」（推奨）

この「推奨」部分においては、居宅介護支援は含まれない

将来的（３年後、６年後など）に「義務化」に
踏み込む可能性も頭に入れておきたい

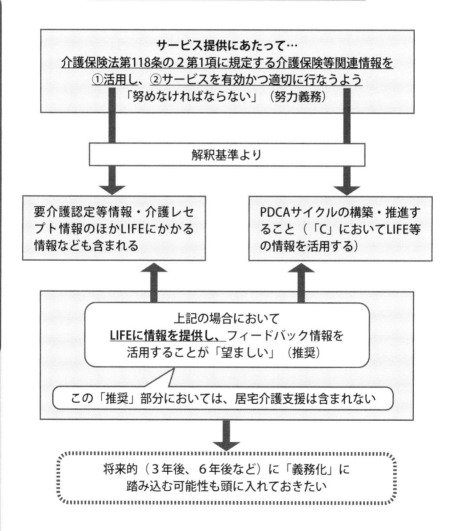

Q14 居宅介護支援における「LIFE活用」の規定は？

A LIFEへの情報提供の推奨対象ではないが、将来的には？

居宅介護支援以外のサービスについて、厚労省が示した解釈基準では、「LIFEに情報を提供し、フィードバック情報を活用することが望ましい」としています。

これに対し、居宅介護支援の解釈基準では、この「推奨」がありません。LIFE等の情報を活用して、PDCAサイクルの構築・推進に努めるとするだけです。

要するに、LIFE等のデータベース情報をケアマネジメントに活用することに「努める」とはしたものの、ケアプラン情報等のLIFEへの提供は推奨していないことになります。

いろいろ深読みができる部分ではありますが、まず注意したいのは、現在国は「適切なケアマネジメント手法の策定と普及」に向けた作業を進めていることです。

そのうえで、ケアプランへのAI（人工知能）活用を推進しつつ、ケアマネジャーによるケアプラン作成の思考フローをAIによって可視化することを目指しています。

こうした一連の取り組みは、2025年以降にも継続して行なわれていく予定です。かなり長い目で見た取り組みとなりますが、逆に言えば、それだけ本腰を入れた（AI等を活用した）システムづくりが目指されているわけです。LIFEといったん切り離しているのも、ケアマネジメントのための新たなシステムの準備と無関係ではないかもしれません。

居宅介護支援における「科学的介護」を視野に入れた展開（予測）

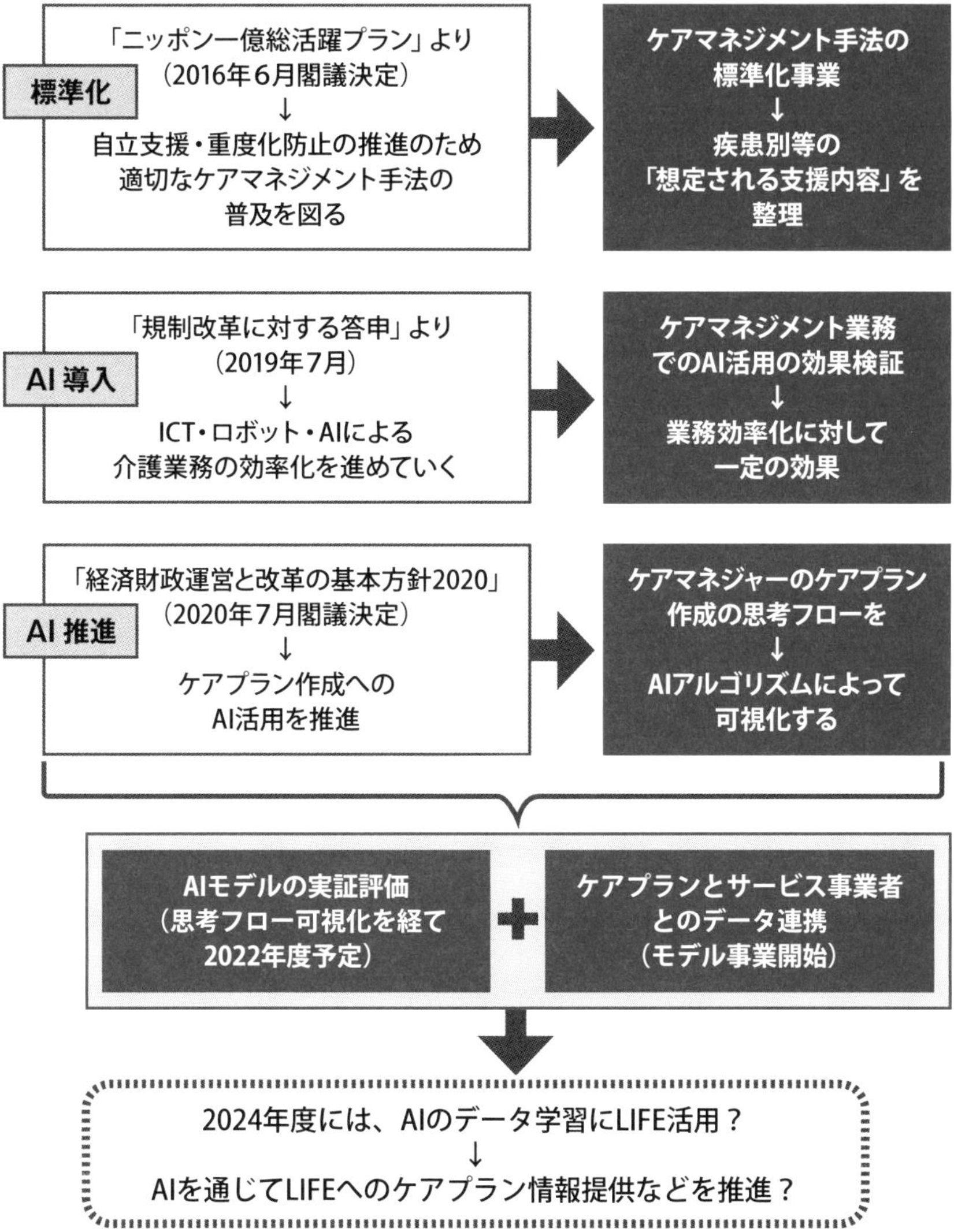
標準化
「ニッポン一億総活躍プラン」より
（2016年6月閣議決定）
↓
自立支援・重度化防止の推進のため
適切なケアマネジメント手法の
普及を図る
ケアマネジメント手法の
標準化事業
↓
疾患別等の
「想定される支援内容」を
整理
AI導入
「規制改革に対する答申」より
（2019年7月）
↓
ICT・ロボット・AIによる
介護業務の効率化を進めていく
ケアマネジメント業務
でのAI活用の効果検証
↓
業務効率化に対して
一定の効果
AI推進
「経済財政運営と改革の基本方針2020」
（2020年7月閣議決定）
↓
ケアプラン作成への
AI活用を推進
ケアマネジャーのケアプラン
作成の思考フローを
↓
AIアルゴリズムによって
可視化する
AIモデルの実証評価
（思考フロー可視化を経て
2022年度予定）
ケアプランとサービス事業者
とのデータ連携
（モデル事業開始）
2024年度には、AIのデータ学習にLIFE活用？
↓
AIを通じてLIFEへのケアプラン情報提供などを推進？

Q15 その他の自立支援系加算で注目したいのは？

A LIFE連携を要件としてはいないが、見逃せない加算が

ここまで、「ＬＩＦＥとの情報連携」等が要件として加わった加算を取り上げてきました。

これ以外にも、今回の報酬改定では、注目したい加算の創設や見直しが行なわれています。

まず、機能訓練に関するものとしては、外部のリハビリ職との連携を要件とした生活機能向上連携加算があります。当初は訪問介護だけが対象でしたが、２０１８年度改定で通所介護や特養ホーム、小規模多機能型、居住系など幅広いサービスに拡大しました。

このうち、通所介護など個別機能訓練加算の算定対象となっているサービスでは、個別機能訓練計画書の様式（項目）にもとづいた計画作成が必要です（この場合の計画作成は、事業所の介護職等と外部のリハビリ職との共同で行なわなければなりません）。そして、この個別機能訓練計画書の様式は、ＬＩＦＥへの情報提供を機に改定された様式と同じです。

この様式以外の見直し点は、外部のリハビリ職との連携方法にかかる次の２つです。

①利用者の状態確認を「ＩＣＴ活用」でもＯＫとした区分（Ⅰ。従来要件を満たした場合はⅡ）を設けたこと。訪問介護等で実施されていた要件緩和を、通所介護等にも広げたわけです。

②訪問介護等では、区分Ⅱで要件となっている共同カンファレンスについて、業務効率化などの観点から「サービス担当者会議の前後」などでの実施を可能としました。

生活機能向上連携加算の見直しについて

【算定の基本的な流れ】
①訪問・通所リハビリ事業所やリハビリを提供している医療機関（※）のリハビリ職が…
②サービス提供現場や利用者宅を訪問し、
③サービス提供事業所の担当者等と一緒に
↓
利用者の状態を共同でアセスメントする

※…許可病床数200床未満、または半径4キロメートル以内に診療所が存在しないもの

そのうえで、共同で計画を作成

個別機能訓練加算の算定対象となっているサービスの場合は個別機能訓練計画となる

【見直しポイント①】
LIFEへの情報提供を機に様式が見直された

LIFEへの情報提供が、要件となる個別機能訓練加算の新区分IIが適用されているのは…
↓
- 特養ホーム
- 通所介護（地域密着型含む）
- 認知症対応型通所介護
- 特定施設入居者生活介護

【見直しポイント②】
通所介護系、短期入所系、居住系、特養ホームでも外部のリハビリ職による状態確認を「ICT」でも可能に
↓
加算Ⅰ 月100単位
（訪問介護等の区分・要件と同じに）

従来要件（直接訪問）の区分は
加算Ⅱ 月200単位
（変わらず）

【訪問介護等の見直しポイント③】
外部のリハビリ職との共同カンファレンスについては、
サービス担当者会議の前後での開催もOK（業務の効率化が目的）

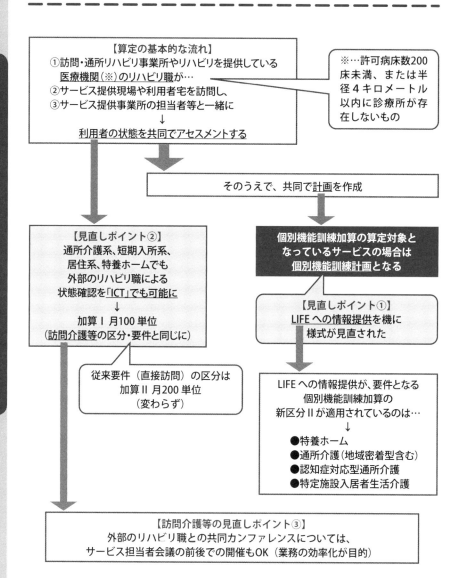

Q16 リハビリ系や口腔・栄養系でのその他の加算は？

A たとえば、リハビリ系では生活行為向上リハビリ実施加算が見直された

次に注目したいのが、通所リハビリにおける生活行為向上リハビリ実施加算です。これは、基本報酬で評価されるリハビリをベースとしつつ、利用者の状態変化に応じて生活行為の向上を目指した加算です。最大6か月の目標期間内で、集中的に算定されます。

改定前は、この算定のしくみが「3か月以内」と「3か月超6か月以内」の2段階で分かれ、さらに6か月を超えると減算が適用されていました。算定が階段上になっていたわけです。これが利用者にとっては分かりにくいうえに、減算にかかると、その後のリハビリ提供に際してのインセンティブが働きにくくなる可能性もありました。

そこで、加算の段階の簡素化や減算の廃止が行なわれました。

さらに、生活機能の評価に際して、1月1回の利用者宅への訪問が要件に加わりました。これにより「家での生活行為」に即したリハビリの進ちょくを評価しやすくしたわけです。

一方、口腔・栄養系の加算では、次のような見直しが行なわれています。

①通所系サービス等の栄養スクリーニングについて、口腔スクリーニングと一体化した加算を創設。同じく通所系では、栄養改善加算の要件に「必要に応じた居宅訪問」をプラス。

②ＧＨにおいて、管理栄養士による介護職への技術的指導等を評価した加算を創設。

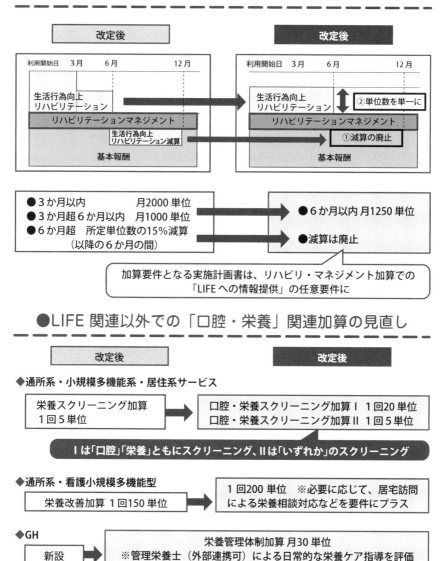

●生活行為向上リハビリテーション実施加算の見直し

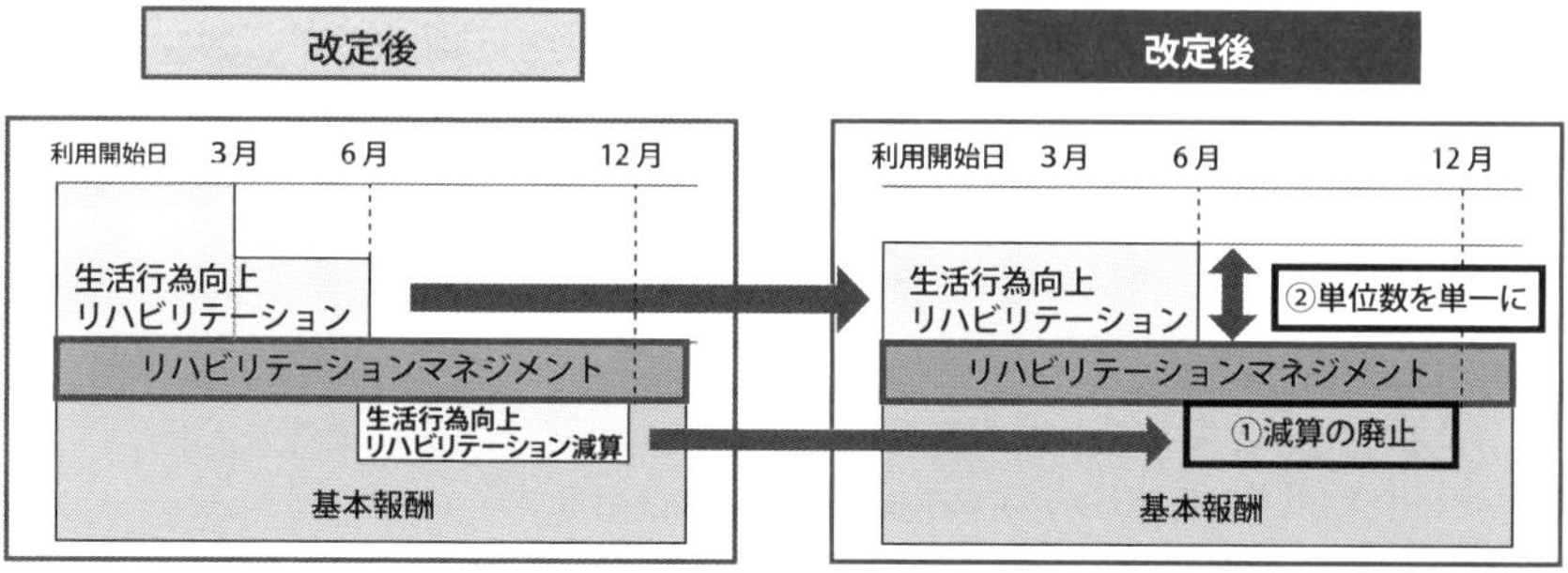
改定後
利用開始日 3月 6月 12月
生活行為向上
リハビリテーション
リハビリテーションマネジメント
生活行為向上
リハビリテーション減算
基本報酬
改定後
利用開始日 3月 6月 12月
生活行為向上
リハビリテーション
②単位数を単一に
リハビリテーションマネジメント
①減算の廃止
基本報酬

●3か月以内　月2000単位
●3か月超6か月以内　月1000単位
●6か月超　所定単位数の15%減算
（以降の6か月の間）

→ ●6か月以内 月1250単位
→ ●減算は廃止

加算要件となる実施計画書は、リハビリ・マネジメント加算での「LIFEへの情報提供」の任意要件に

●LIFE関連以外での「口腔・栄養」関連加算の見直し

改定後 → 改定後

◆通所系・小規模多機能系・居住系サービス

栄養スクリーニング加算
1回5単位

→ 口腔・栄養スクリーニング加算Ⅰ　1回20単位
口腔・栄養スクリーニング加算Ⅱ　1回5単位

Ⅰは「口腔」「栄養」ともにスクリーニング、Ⅱは「いずれか」のスクリーニング

◆通所系・看護小規模多機能型

栄養改善加算 1回150単位

→ 1回200単位　※必要に応じて、居宅訪問による栄養相談対応などを要件にプラス

◆GH

新設

→ 栄養管理体制加算 月30単位
※管理栄養士（外部連携可）による日常的な栄養ケア指導を評価

コラム3

機能訓練やリハビリの「心身機能」「活動」「参加」

個別機能訓練加算やリハビリテーションマネジメント加算では、それぞれの計画書が、LIFEへの情報提供の様式にもなっています。

その様式ですが、今改定ではリハビリから（通所介護等での）個別機能訓練へという流れでの「連携業務の効率化」を図るため、「項目の共通化」が図られました。たとえば、それぞれの短期・長期目標などについて、同じスタイルでの刷新が行なわれています。

注目したい変更点は、この「目標」を記す項目で「心身機能」「活動」「参加」という区分けがなされていることです。

改定前のリハビリ計画書では、「活動と参加に影響をおよぼす機能評価」など、課題分析上での関連を意識づける様式となっていました。この考え方を、個別機能訓練にも取り込んだことになります。

目標設定に際して、3つをどうつなげていくか

この3つは、具体的にどんなことを示しているのでしょうか。

「心身機能」とは、身体機能や精神の働きを指します。「活動」とは、その「心身機能」によって行なわれる家事、職業能力、屋外歩行などの生活行為全般を指します。そして、「参加」とは、その「活動」による生活行為によって家庭や社会でその人なりの役割を果たすことです。

それぞれの関連としては、「心身機能」の維持・改善によって「活動（生活行為）」が広がり、それによって「参加」を果たしていく――という具合です。これを目標で設定していく場合、①利用者が目指したい「参加」の姿は何か、②そのためにどのような「活動」を目指せばいいか、③その「活動」に向けてどのように「心身機能」を維持・改善していくかという流れが記されることになります。

特に、個別機能訓練において頭に入れておきたいポイントです。

第3章

Q&Aでわかる
科学的介護に向けた現場の体制づくり

Q1 介護現場で「ＬＩＦＥ連携」を行なうメリットとは？

A 加算による増収だけではない。現場の介護の質を上げる

介護ＤＢ「ＬＩＦＥ」に情報提供し、その分析結果のフィードバックを受けて、現場のケアに活用する――この一連の実務には、どんなメリットがあるのでしょうか。

一連の実務で新たな加算等を取得すれば、事業所・施設にとっては増収となります。また、将来的に科学的介護の導入が義務化されたりする可能性を考えれば、「今から現場の対応力を整えておくことが必要」といった経営サイドの判断もあるでしょう。

しかし、「ＬＩＦＥ連携」という新たな実務が加わるわけですから、従事者としては、そのシステムに慣れるまでのタイムラグが生じます。「なぜ、こんな面倒なことを？」というモヤモヤ感が続くことになれば、現場のモチベーションは低下する恐れもあります。

新型コロナの感染対策等で、「やるべきこと」が増えている現状ではなおさらでしょう。

その点を考えたとき、「現場がメリットを実感できる」ための道筋が必要です。

そのためには、現場目線で「ＬＩＦＥ連携が日々の業務課題をどのように解決してくれるのか」を明らかにし、そのビジョンの組織での共有を目指さなければなりません。

入口となるのは、「現場のどこに、どのような業務課題があるのか」を把握し、その課題を分析することです。つまり、現場状況のアセスメントが求められるわけです。

科学的介護と「日々の業務課題の解決」を線で結ぶと

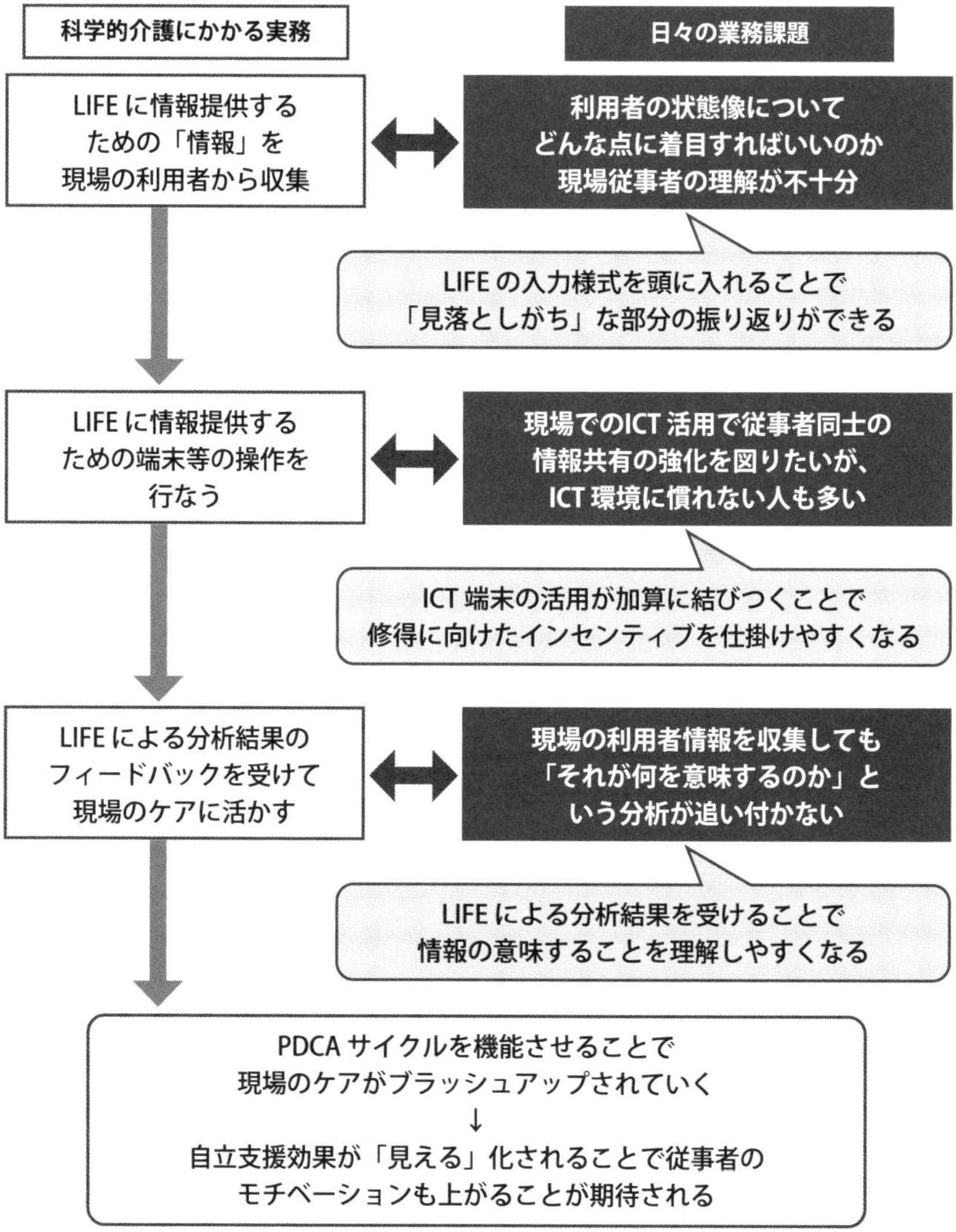
科学的介護にかかる実務
日々の業務課題
LIFEに情報提供するための「情報」を現場の利用者から収集
利用者の状態像についてどんな点に着目すればいいのか現場従事者の理解が不十分
LIFEの入力様式を頭に入れることで「見落としがち」な部分の振り返りができる
LIFEに情報提供するための端末等の操作を行なう
現場でのICT活用で従事者同士の情報共有の強化を図りたいが、ICT環境に慣れない人も多い
ICT端末の活用が加算に結びつくことで修得に向けたインセンティブを仕掛けやすくなる
LIFEによる分析結果のフィードバックを受けて現場のケアに活かす
現場の利用者情報を収集しても「それが何を意味するのか」という分析が追い付かない
LIFEによる分析結果を受けることで情報の意味することを理解しやすくなる
PDCAサイクルを機能させることで現場のケアがブラッシュアップされていく
↓
自立支援効果が「見える」化されることで従事者のモチベーションも上がることが期待される

Q2 現場の状況をどのようにアセスメントすればよいか？

A 利用者の状態把握がどのように行なわれているかを分析する

介護現場がなぜ重労働になりやすいのかを考えたとき、その大きな原因の一つとして挙げられるのが「予測不可能なことが生じやすい」という点です。

それまで元気だった人の意欲が低下する。認知症はあっても穏やかだった人が、不穏な言動を見せるようになる。座位を保てていた人が、椅子からの転落事故を起こす——など。

こうした「今までとは違う状況」が発生するたびに、現場職員は「どうしてだろう？」と首をひねり、その場その場で対処に汗を流す——こうした場面が多くの現場で見られます。

「予測不可能なこと」に対処するわけですから、職員は常に緊張感を強いられ、日々の業務は突発的な出来事に寸断されがちとなります。これでは、現場の負担は大きくなる一方です。

しかし、本当にそれは「予測不可能なこと」なのでしょうか。

こうしたケースの場合、水面下では少しずつ利用者の状態が変わっていることがあります。その蓄積によって生じた結果に振り回されているというケースも目立ちます。

となれば、利用者の「見えにくい水面下の状態」を「見える」ようにすることが大切です。

たとえば、利用者の日々の状態をどこでチェックしているのかなど、現場での「見える」化のあり方を見直すこと。現場状況のアセスメントでは、これが大きなポイントになります。

現場がなぜ「過重労働」に陥るのかを分析する

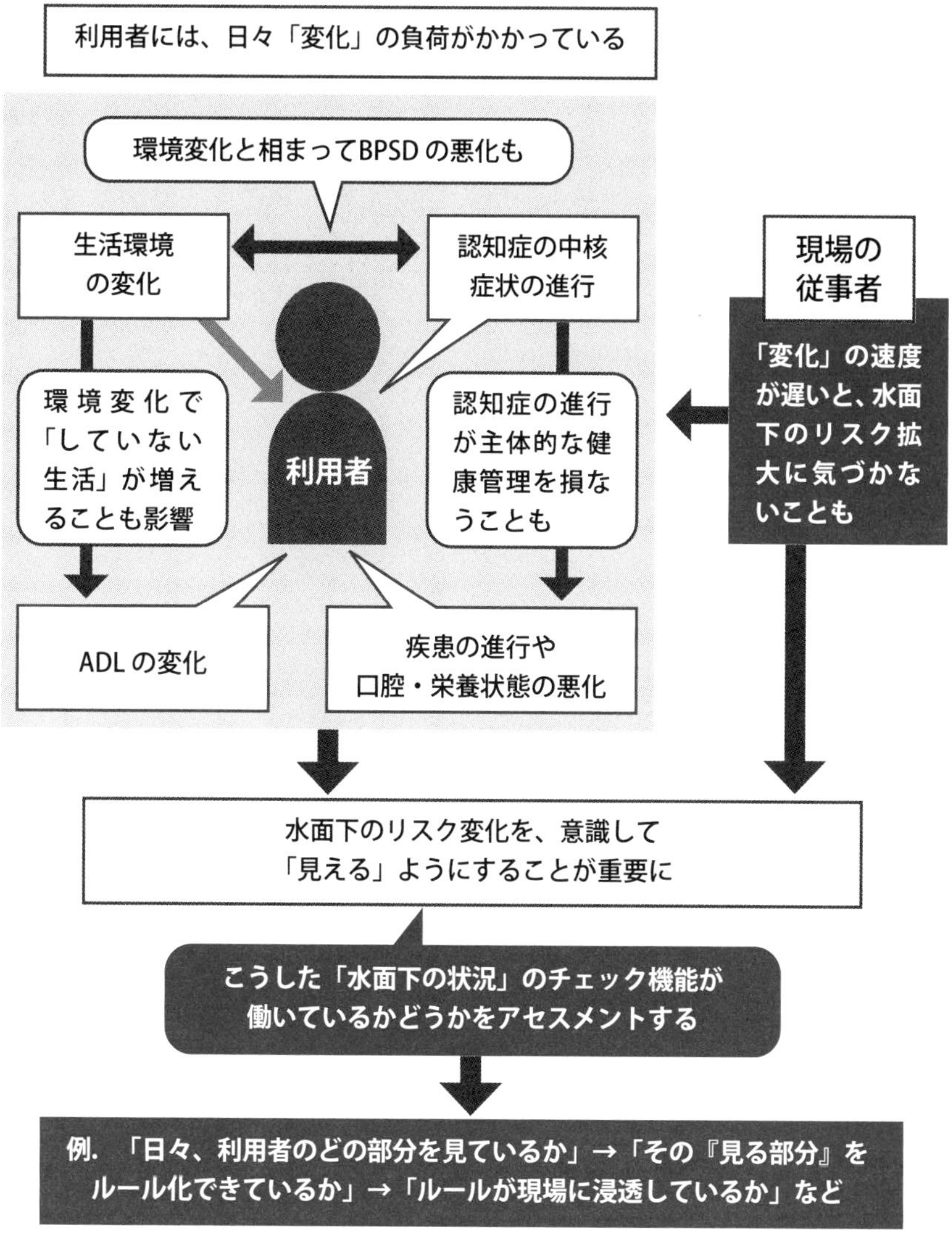
利用者には、日々「変化」の負荷がかかっている
環境変化と相まってBPSDの悪化も
生活環境の変化
認知症の中核症状の進行
現場の従事者
環境変化で「していない生活」が増えることも影響
利用者
認知症の進行が主体的な健康管理を損なうことも
「変化」の速度が遅いと、水面下のリスク拡大に気づかないことも
ADLの変化
疾患の進行や口腔・栄養状態の悪化
水面下のリスク変化を、意識して「見える」ようにすることが重要に
こうした「水面下の状況」のチェック機能が働いているかどうかをアセスメントする
例．「日々、利用者のどの部分を見ているか」→「その『見る部分』をルール化できているか」→「ルールが現場に浸透しているか」など

Q3 「見える化」のしくみをどのように整えればいいか？

A なぜ、利用者のその部分に着目するのかという理解が大切

介護現場では、日々さまざまな記録が作成されています。その記録に際しては、利用者のどんな点に着目し、どんな情報を蓄積するかがルール化されているはずです。

問題は、「その情報が何を意味するか」が、現場で十分理解されていないケースです。ただ、管理者や上司に「指示されるがまま」に情報を収集し、記録に反映する。なぜなら、記録作成が加算の要件になっているから——こうした理解では、「何のために記録を作成するのか」という納得が職員の中になかなか得られません。

記録が「形式だけ」のものになれば、職員にとっては「余分な業務」になってしまいます。結果として、記録の様式通りに書き込もうとはするものの、「つい見ていなかった」「チェックしていなかった」といった状況につながりやすくなります。

また、チーム内で情報を受け取っても、「それが何を意味するのか」まで思考がいたらず、重大な変化が生じていてもスルーされてしまうこともあります。

こうした状況を防ぐには、以下の2点を研修等で理解させることが必要です。

①一つひとつの情報が何を意味するのか、②複数の情報の組み合わせによって何が見えてくるのか——この思考を整えることが、科学的介護の第一歩となります。

利用者の「変化」を日々の介護に活かすためには…

～「科学的介護」に乗り出す前に～

対応1
日々の業務内で
意識して集める情報を
ルール化する

多職種（特に医療職）から、
さまざまな情報が
提供される

対応2
集めた情報、提供された情報から
「何が見えてくるか」を思考するための
訓練を行なう

＋

対応3
複数の情報を組み合わせることで
どのようなリスクが高まっているか
分析する力を養う

【研修1】
利用者の状態像・
「している生活の姿」の先に
どのようなリスクが予測できるか
を考えさせる

↓

例.「口腔機能の低下」→「食事量の低下」→「栄養状態の悪化」→「褥瘡リスクの悪化」「運動機能の低下」など

【研修2】
特定のケースで集められた
情報を整理し、それぞれが
どうリンクするか、それによって
何が見えるかを考えさせる

↓

例.「服薬量増加（多剤投与）」
＋「歩行機能の低下」
→「副作用によるふらつきが転倒事故に結びつきやすい」など

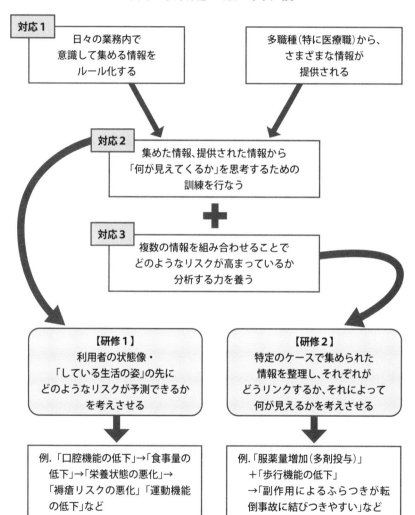

Q4 現場のハード面で整えておくべきこととは?

A データ入力のためのICT環境が整っていることが基本

ＬＩＦＥは、介護保険ＤＢの一つです。当然ながら、ＬＩＦＥとデータをやり取りするためには、デジタルデータで行なうことが必要となります。

現場の記録をデジタルデータ化するためには、**①デジタル端末（ＰＣ、タブレットなど）で入力しつつ、②そのデータをＩＣＴ（情報通信技術）に乗せる**ことで効率化が図られます。

となれば、事業所・施設に①、②の環境が整っているか、それが日常業務の中で活用されているかどうかが、実務上の入口となってきます。

ほとんどの事業所・施設では、基本的なインフラは整っているでしょう。問題は、それが現場の業務環境に組み入れられているかどうかです。

給付管理のために事務方のインフラは整っていても、現場の記録作成等は「紙ベース」というケースは少なくありません。となれば、入力作業は「紙」から起こして…となります。すべての従事者がＩＣＴで業務を進める――この環境が整っているかどうかで業務効率が左右されるわけです。

ただし、現場で広くＩＣＴが活用される環境となれば、同時にセキュリティの強化も必要になります。ウイルス対策等のハード面だけでなく、「データをＵＳＢ等に落としたり、持ち帰ってはいけない」など、業務上のルールも整えておかなければなりません。

科学的介護において必要となるハード面の整備

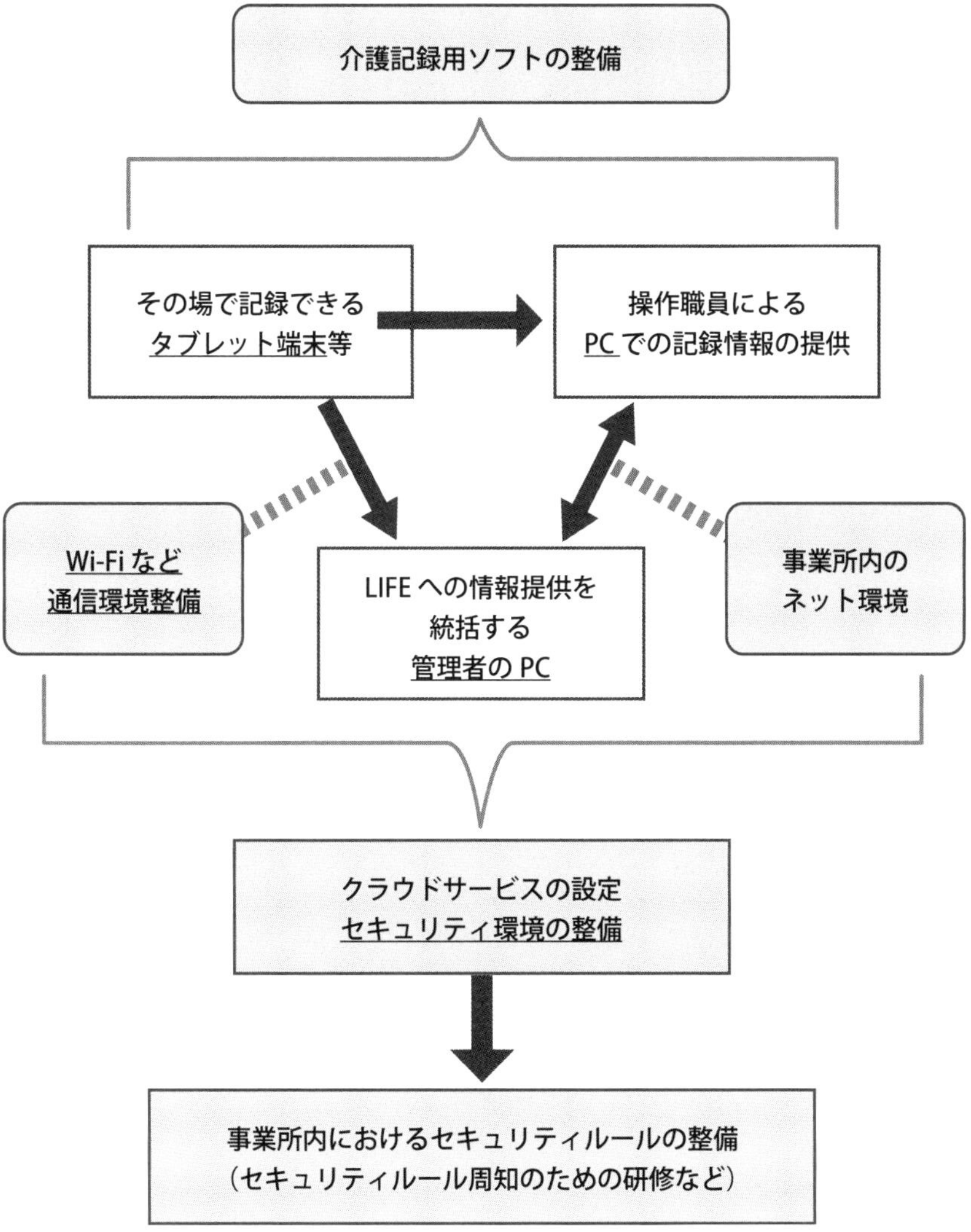

Q5 現場のＩＣＴ環境を整えるために「使える制度」は？

A 感染防止の観点からも、国のＩＣＴ導入支援策が加速中

たとえば、従事者1人に1台の入力用タブレット等を配布する。現場でのＷｉ－Ｆｉ環境を充実させる。介護記録用のソフトを新調する――など。いずれも一定の費用がかかります。収支の厳しい介護事業者にとっては、決して負担は小さくないでしょう。

そこで、注目したいのが、国が設けている現場のインフラ整備にかかる支援策です。

まず活用したいのは、２０１９年度から実施されている「**ＩＣＴ導入支援事業**」です。これは、２０１５年に設けられた地域医療・介護総合確保基金を使った支援メニューです。

この事業については、新型コロナの感染防止という狙いも加わり、２０２０年度の補正予算を通じて補助額の上乗せや補助対象の拡大が図られてきました（図参照）。

なお、活用に際して、「ＬＩＦＥへの情報提供」が要件の一つとなっています。

また、施設等においては、大規模修繕にかかる補助事業があります。この大規模修繕に際して、ＩＣＴのほか、介護ロボット、センサーなどを整備するための費用もプラスされます。

さらに、こうしたインフラ整備を通じて、介護現場の業務改革を推進しようとする施設等を都道府県がモデル施設として育成するしくみもあります。この対象となった場合、インフラ整備費のほかコンサルティング経費なども補助の対象となります。

ICT 環境を整えるためのさまざまな支援事業

1 ICT 導入支援事業（2020年度第 3次補正予算まで）

補助上限額	●事業所規模（職員数）に応じて設定 ・1～10 人 100 万円 ・11～20 人 160 万円 ・21～30 人 200 万円 ・31 人～ 260 万円
補助率	●一定の要件を満たす事業所は、 3/4 を下限に都道府県の裁量で設定 ●それ以外の事業所は 1/2 を下限 に都道府県の裁量で設定
補助対象	●2019 年度予算から ・介護ソフト ・タブレット端末 ・スマートフォン ・インカム ・クラウドサービス ・他事業者からの照会経費 等 ●2020 年度第1 次補正予算から以下を追加 ・Wi Fi 機器の購入設置 ・業務効率化に資する バックオフィスソフト（勤怠管理、シフト管理等）

◆要件
①ICT 化により、「介護記録の作成→情報共有→請求業務」が一気通貫になること
②居宅介護支援事業所とのデータ連携で、標準仕様として活用すること
③LIFE による情報収集に対応すること
④事業所による導入効果を報告すること

2 施設の大規模修繕の際にあわせて行なう ICT 等の導入支援

【旧制度の対象ケース】
●開設時
●増床時　●改築時

＋

【新たに加わったケース】
●大規模修繕時

↓

1 定員あたり42 万円（大規模修繕の場合のみ）
●対象経費はタブレット端末・スマートフォン等ハードウェア、ソフトウェア、クラウドサービス、保守・サポート費、導入設定、導入研修、セキュリティ対策などに限る。

Q6 従事者のICT活用のスキルを上げるには？

A 現場実務とリンクさせた計画的な研修機会を設ける

現場におけるICT環境が整っても、従事者側がそれらを日常業務に活かせなければ意味はありません。そのために必須となるのが、ICT活用のための研修機会です。

ただし、一斉研修だけ行なって、あとは「マニュアルで操作する」というだけでは、日常業務の中にフィットさせていくうえで、どうしても時間がかかります。

デジタル端末などの活用に慣れている世代などはともかく、キーボード操作などの習慣も乏しい人にとっては、日常的な活用への壁はどうしても大きくなります。

その点では、現場実務とリンクさせた場面でのOJTなどをはじめ、現場をいくつかの小チームに分けて「互いに教え合う」といったピア・コンサルのしくみも必要でしょう。

メンバーのシフトが重ならないような「ICT修得のための専属チーム」を作り、随時の小勉強会などを設ける方法もあります（勤務時間の一環として手当てをつける）。

ただし、チーム内にはさまざまな人間関係も絡んできます。そこで、組織の管理部門に「ICT活用のための相談室」などを設け（現状では感染防止のためにオンラインや内線活用が望ましい）、日々の相談に乗るしくみも整えておきたいものです。

もちろん、セキュリティ対策についても、設定ルールを周知するなどの研修も必要です。

ICT活用のスキルを上げるためのしくみ（例）

1．ICT管理者を任命する
事務方でICTに習熟している者が望ましい
＋
（管理者をサポートする立場として、現場から複数人を任命）

2．マニュアルおよび研修計画の作成
●外部の専門家などの助言・指導をあおぐ
●マニュアルには、セキュリティ対策なども含む

3－1
マニュアル周知などを
目的とした全体研修の実施

3－2
現場実務にリンクさせた
入力等のOJTを順次実施

4．現場にICT修得のためのチームを編成
●随時の小勉強会などを実施（勤務時間の一環とする）
●3－2，3－2の「振り返り」の場ともする
●シフトが重ならないよう、現場のケアチームとは異なる編成に

チームや個人からの相談を受ける

ICT活用にかかる日常的なアドバイス

5．組織の管理部門に
ICT 活用の相談室を設ける
（オンラインでの対応が望ましい）

Q7 科学的介護を現場に浸透させるための手順は？

A モデルケースの実践で「効果」を明らかにし、価値転換を図る

日常業務に科学的介護を浸透させるには、いくつの手順が必要です。

まずは、現場従事者の納得を得ることです。いくらＩＣＴ環境を充実させ、ＬＩＦＥ連携を推進しようとしても、現場従事者の中に「それは（加算取得などを目指す）事業所の都合で、自分たちには関係ない」という意識が染みついていれば、改革は進みません。

そこで、事業所内で（利用者、家族の承諾を得て）「科学的介護」のモデルケースを設定します。その対象者への「ＬＩＦＥ活用」の結果、目に見える状態変化などが生じたとします。その結果を、かかわったチームから事業所内研修で発表させます。

このモデルケースを、何回かに分けて行ない、現場にトレンドを作ります。少しずつ、科学的介護の「効果」を従事者の意識に浸透させるわけです。

これにより、「効果」への認識が広まったところで、事業所として「職務価値の中心に『科学的介護の推進』を据えること」を、現場に対して宣言します。

職務評価の基準ですから、科学的介護の手段となる「ＩＣＴ」に習熟できるかどうかが、昇給にもかかわることを意味します。ただし、現場の困惑を防ぐため、具体的な昇給基準等への反映には一定の猶予期間を設け、その間にていねいな周知を行なうことが欠かせません。

現場に「科学的介護」を浸透させるための道筋（例）

事業所・施設の利用者の中から
科学的介護に協力してもらうモデルケースを選定
同時にモデルケースを担う特別チームを編成する

●改善見込みが中程度の利用者が望ましい
→他の利用者に適用した場合の汎用性の高さ
（状態が重い人にも適用できるという説得力を持たせるため）
と同時に、改善度合いが「見える化」しやすいケース
（現場全体に効果を実感させやすくするため）

↓

LIFEへの情報提供について、厚労省は「利用者の同意は不要」としているが、こうしたモデルケースの実践に際しては必ず利用者・家族の同意を得ることが求められる

↓

LIFEへの情報提供の様式に沿って利用者状況を把握
得られたデータを事業所・施設内で分析
→LIFEを活用する場合、全国平均との比較などを行なう

●例えば、利用者データ内で全国平均とのズレが大きい場合
「状態像のズレ」と「ケア実績のズレ」を照合しつつ
「どんなケアに力を入れれば改善可能性があるか」を考える

↓

データ分析にもとづいたケアを特別チームで実践

↓

結果、考察、振り返りなどを全体研修で発表させる
（ここまでの特別チームの取り組みを処遇に反映）

Q8 科学的介護で従事者の意欲を損なわないためには？

A 処遇改善加算のキャリアアップ要件等にもとづいた取り組み

前項で述べたように、現場で科学的介護を推進するうえでは、従事者の困惑を招かないよう慎重な手順が求められます。基本となるのは、やはり現場とのコミュニケーションでしょう。

しかし、実際に科学的介護を職務価値の中心に据えるとなれば、昇給などのしくみに反映することが欠かせません。これが非常に難しい取り組みです。

一つ間違えれば、現場従事者のモチベーションを大きく損ないかねないからです。

欠かせないのは、科学的介護に関連して「何をすれば昇給率が上がるのか」といったルールを明確にすることです。この点は、介護職員処遇改善加算の要件となっているキャリアパス要件（特にⅢ）に準拠した考え方を定めることが必要です。

たとえば、「ＩＣＴ活用の技能が上がり、率先してＬＩＦＥへの情報提供にかかわるようになった」という人がいるとします。しかし、これだけでは基準があいまいです。

この場合、①ＩＣＴ活用の技能を客観的に示す評価指標と、②「ＬＩＦＥへの情報提供」にかかわる職務要件を客観的基準で満たしているかどうかが問われます。

①であれば、ＩＣＴ関連の民間検定の合格を指標の一つにする。②であれば、ＬＩＦＥ情報提供のマニュアル作成チームにかかわるとか、研修指導を務めた実績があるという具合です。

科学的介護を進めるうえでの「処遇改善」の考え方

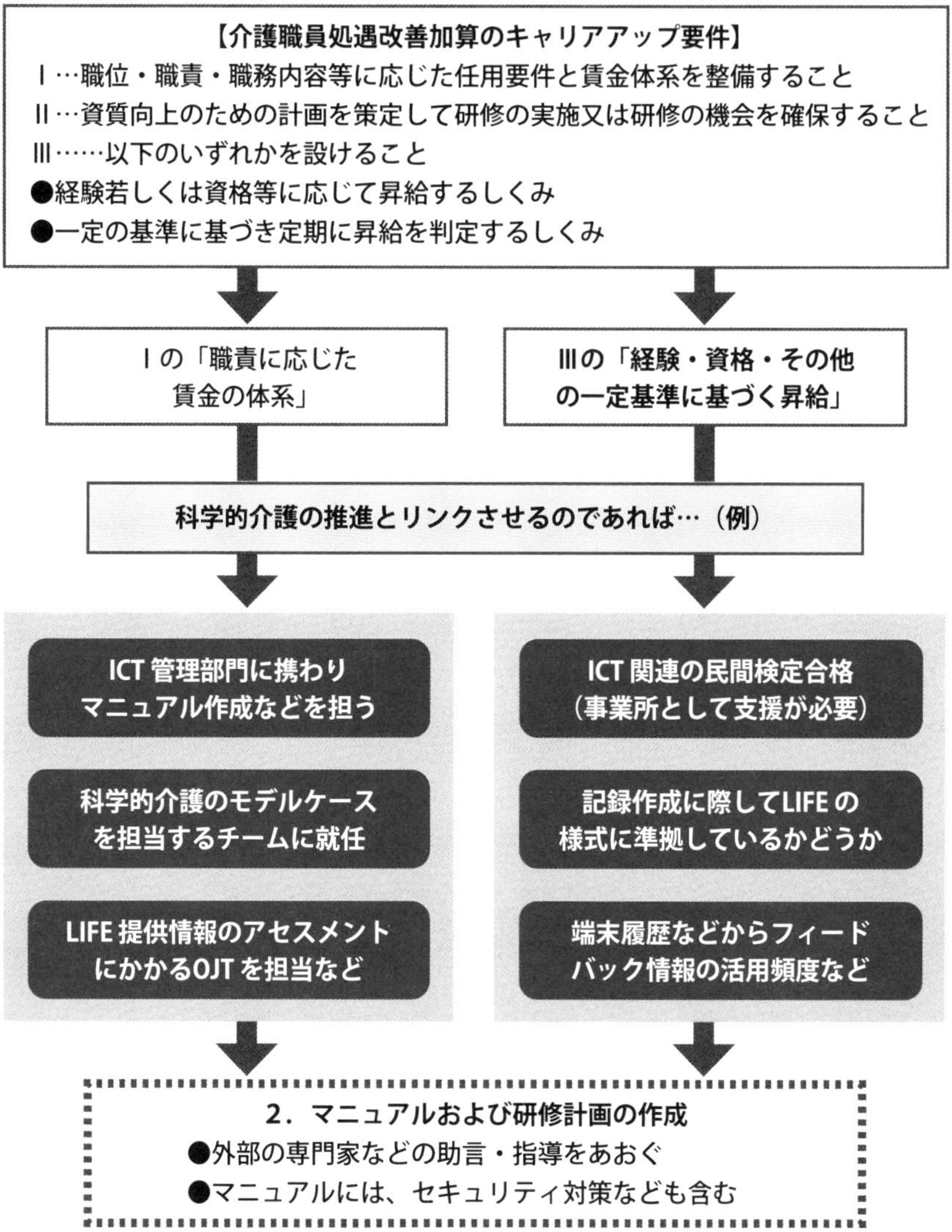
【介護職員処遇改善加算のキャリアアップ要件】
Ⅰ…職位・職責・職務内容等に応じた任用要件と賃金体系を整備すること
Ⅱ…資質向上のための計画を策定して研修の実施又は研修の機会を確保すること
Ⅲ……以下のいずれかを設けること
●経験若しくは資格等に応じて昇給するしくみ
●一定の基準に基づき定期に昇給を判定するしくみ
Ⅰの「職責に応じた賃金の体系」
Ⅲの「経験・資格・その他の一定基準に基づく昇給」
科学的介護の推進とリンクさせるのであれば…（例）
ICT管理部門に携わりマニュアル作成などを担う
科学的介護のモデルケースを担当するチームに就任
LIFE提供情報のアセスメントにかかるOJTを担当など
ICT関連の民間検定合格（事業所として支援が必要）
記録作成に際してLIFEの様式に準拠しているかどうか
端末履歴などからフィードバック情報の活用頻度など
2．マニュアルおよび研修計画の作成
●外部の専門家などの助言・指導をあおぐ
●マニュアルには、セキュリティ対策なども含む

Q9 ICT以外で、科学的介護に必要なスキルとは？

A フィードバック情報を読み解くための視野と連結力

科学的介護でもっとも重要なことは、ＬＩＦＥによる分析結果を現場のケアの見直しにつなげ、利用者の自立支援・重度化防止を実現することです。

その意味では、データのやり取りを行なうスキルの「その先」も重要になります。

たとえば、ＬＩＦＥによって自事業所の利用者状態の傾向が明らかになったとします。その際、栄養摂取量とＡＤＬ状況（平地歩行など）がリンクしていれば、「歩行機能の向上に向けて栄養摂取量の改善が必要」という結果はおのずと見えてくるでしょう。

問題は、「栄養摂取量を上げるために、何をすればいいか」という点です。

ここで、口腔の状況や認知症の状況との関連に着目して、ここに栄養摂取量との関連が見えてくるとします。となれば、口腔ケアのあり方を見直したり、認知症のＢＰＳＤ改善に向けた取り組みを強化するという新たな仮説が成り立ちます。

口腔ケアや認知症ケア→栄養改善→機能向上という一連の「線」が見えてくるわけです。

このように、多様な情報を俯瞰し（①視野の拡大）、異なるポイントをつなげて考える（②思考の連結）ことで、ＬＩＦＥ情報の活用力が上がるわけです。

ＩＣＴスキルとともに、①②のスキルを意識的に高めることが求められます。

情報を読み解くための「視野の拡大」と「連結させる力」

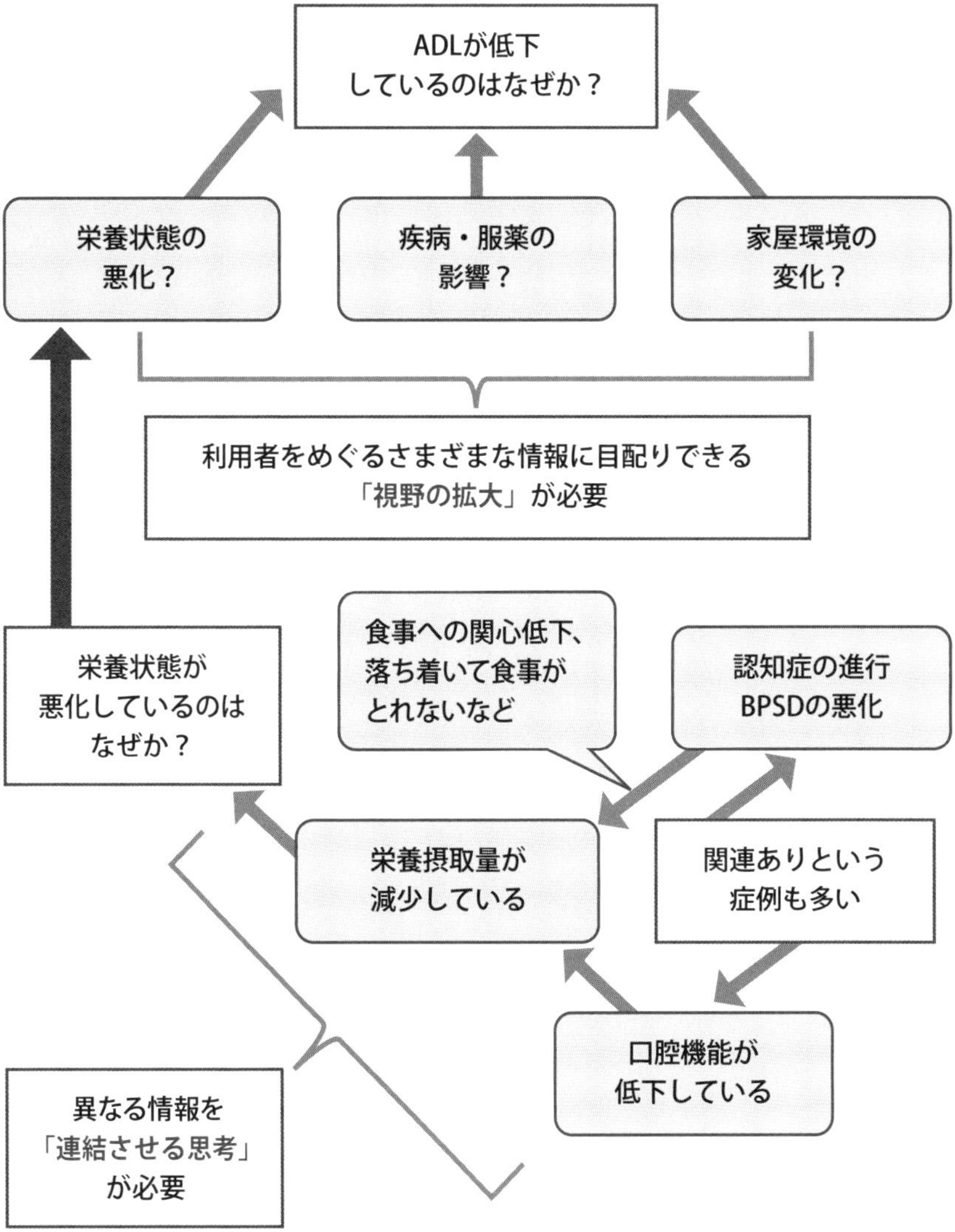

Q10 視野の拡大と思考の連結のスキルを高めるには？

A 日々のケア業務を通じて、意識を高める訓練を

「視野の拡大」と「思考の連結」という2つのスキルを高めるには、データと向き合うだけで足りません。やはり、現場で実際に利用者と向き合うことが必要です。

排せつや入浴、食事などの介助に携わる場合、職員としては「利用者の安全を確保する」ことにまず集中します。その際、利用者の「できない部分」や「患側の動き」ばかりに気をとられず、身体機能の全体のバランスに注意することが事故を防ぐポイントとなります。

また、その人の「できている部分」への気づきが深まれば、利用者との協力動作を見直しつつ、利用者と職員がともに負担の少ない方法が模索できる可能性もあります。

いずれにしても、そこでは「視野をいかに広くとるか」がカギとなります。

さらに、利用者の「できる範囲」と「していない範囲」に誤差がある場合、どんな要因が影響しているのかに頭を巡らせるはずです。一見関係なさそうに思えることも、背景をさらに掘り下げることで「実は関係していた」というケースもあるでしょう。

この場合は、さまざま要素をつなげていく「思考の連結」がカギとなるわけです。

現場では、こうした状況が常に起こっていることを考えれば、ＯＪＴでの指導者の観察ポイントを見直したり、ＯＪＴ自体の時間をいかに増やすかに知恵を絞りたいものです。

「視野の拡大」と「思考の連結」を現場で鍛えるには？

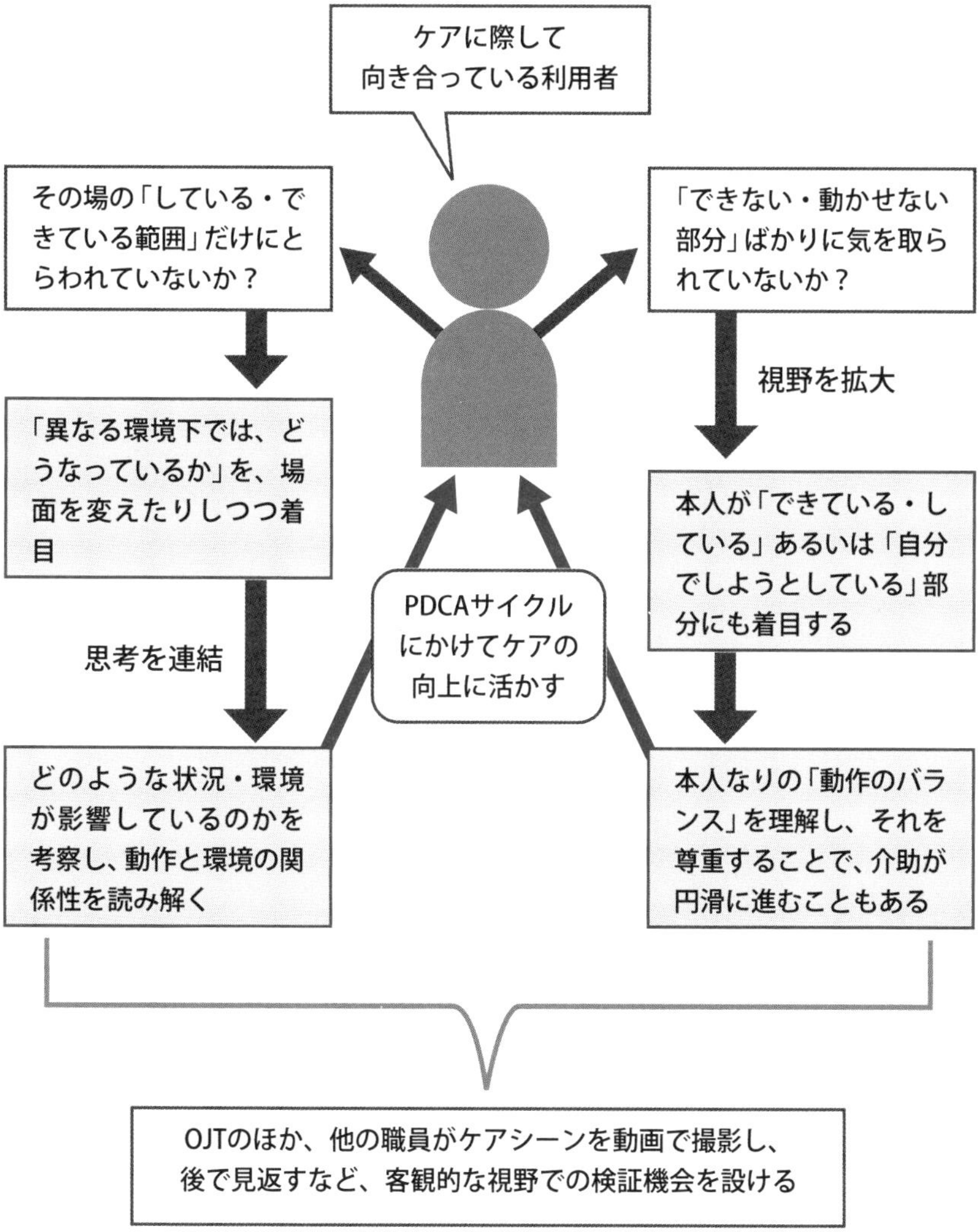
ケアに際して
向き合っている利用者
その場の「している・できている範囲」だけにとらわれていないか？
「異なる環境下では、どうなっているか」を、場面を変えたりしつつ着目
思考を連結
どのような状況・環境が影響しているのかを考察し、動作と環境の関係性を読み解く
「できない・動かせない部分」ばかりに気を取られていないか？
視野を拡大
本人が「できている・している」あるいは「自分でしようとしている」部分にも着目する
本人なりの「動作のバランス」を理解し、それを尊重することで、介助が円滑に進むこともある
PDCAサイクル
にかけてケアの
向上に活かす
OJTのほか、他の職員がケアシーンを動画で撮影し、
後で見返すなど、客観的な視野での検証機会を設ける

Q11 科学的介護を現場で継続させていくには?

A 現場従事者の心身にかかる負担を見極めるしくみの強化を

国が進める科学的介護は、まだ始まったばかりです。したがって、長い目で見た場合の介護現場への影響について、国も随時調査を行なう予定となっています。

ただし「長い目で見る」とは言っても、その間の現場のあわただしさは待ってはくれません。どんな改革でもそうですが、「今までとは違った何か」を推し進める際には、必ずどこかにひずみが生じます。それを「先読み」しつつ、「ひずみ」が悪化しないように、常に先手を打っていくことがリスクマネジメントの基本といえるでしょう。

ただし、国レベルでは、「介護従事者の保護」を目的とした基本法などはありません。いわば「ひずみ」への対処の土台がないわけです。となれば、この部分をしっかりと支えていくうえで、事業所・施設ごとの取り組みに頼るほかはありません（このあたりは、制度上の不備といえます）。

この点を考えたとき、科学的介護を進行させる中で、従事者の心身にどのような影響がおよんでいるかを定期的・計画的に調査することが欠かせません。

たとえば、今まで以上に従事者との個別面談や、管理者による現場ラウンドを増やす。あるいは、科学的介護にかかる相談機能を強化する（108ページ参照）という具合です。

現場従事者も「ＰＤＣＡサイクル」の対象であることを、頭に入れたいものです。

科学的介護が「現場に与えるひずみ」に注意

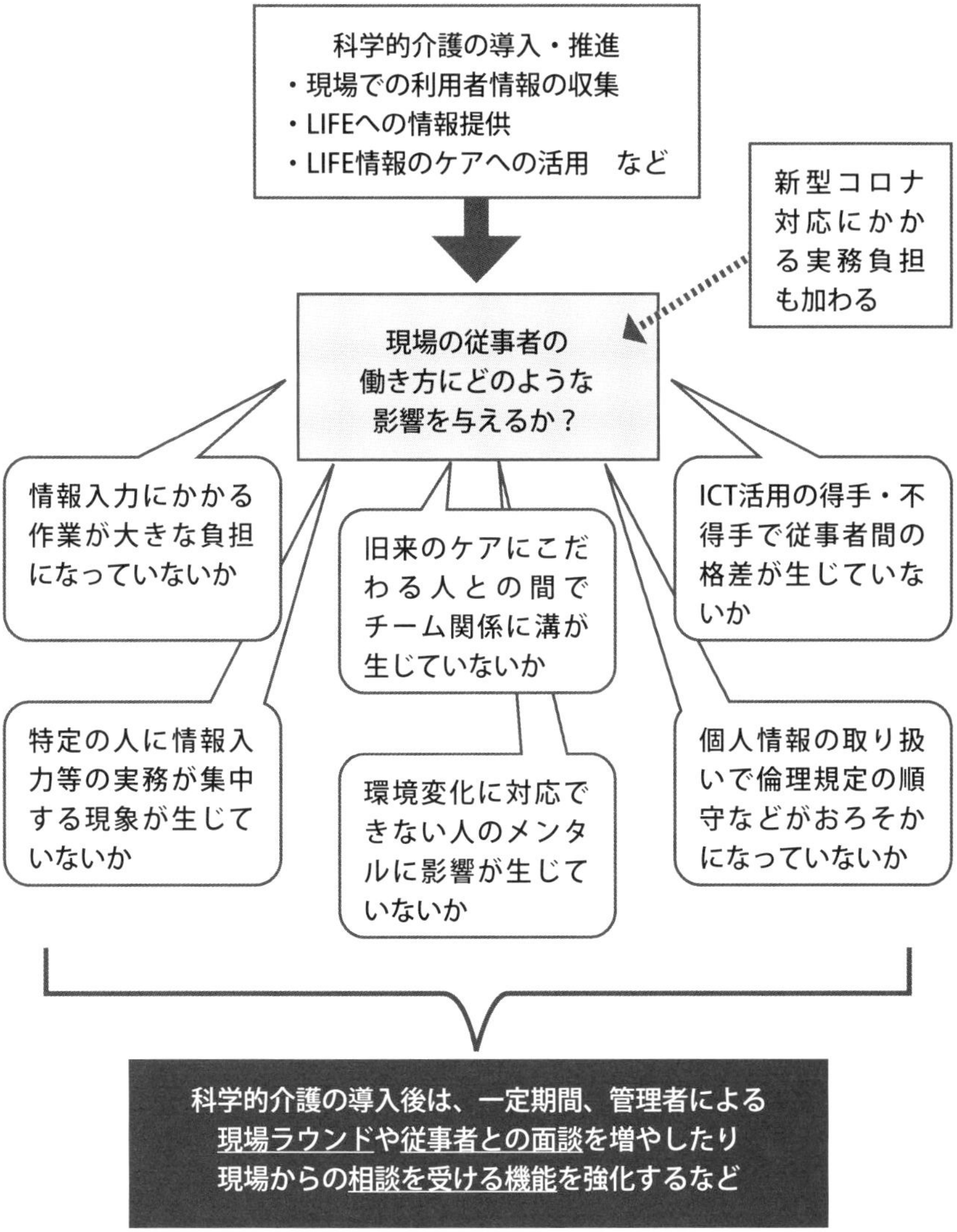

科学的介護の導入・推進
・現場での利用者情報の収集
・LIFEへの情報提供
・LIFE情報のケアへの活用　など
新型コロナ対応にかかる実務負担も加わる
現場の従事者の働き方にどのような影響を与えるか？
情報入力にかかる作業が大きな負担になっていないか
旧来のケアにこだわる人との間でチーム関係に溝が生じていないか
ICT活用の得手・不得手で従事者間の格差が生じていないか
特定の人に情報入力等の実務が集中する現象が生じていないか
環境変化に対応できない人のメンタルに影響が生じていないか
個人情報の取り扱いで倫理規定の順守などがおろそかになっていないか
科学的介護の導入後は、一定期間、管理者による現場ラウンドや従事者との面談を増やしたり現場からの相談を受ける機能を強化するなど

コラム4

今改定における「処遇改善面」の見直しポイントは？

科学的介護にかかるしくみだけでなく、今改定では感染対策の強化やサービスの持続可能性の向上、高齢者虐待の防止、職場でのハラスメント対策、（施設系で）リスクマネジメントの推進など、運営基準上で「やらなければならないこと」が広がっています。

たとえば、各基準を満たすうえで委員会の開催や指針の策定、研修の実施、それらを担う担当者の配置などが求められます。

多くは一定の経過措置が設けられていますが、少しずつでも体制を整えなければなりません。従事者としては、ケアに直接関係する実務以外で、さまざまな「担当」を任される可能性も高まります。

サービス提供体制強化加算の見直しに注目

これだけの「実務」が増えていけば、やはり従事者としては、「相応に処遇を上げてもらわなければ」と考えるのが自然でしょう。

ところが、今改定では各種処遇改善加算の上乗せは行なわれませんでした。職場環境等要件の拡充や、特定処遇改善加算の配分ルールなどが見直されただけです。ちょっとがっかり…と思うかもしれません。

そうした中で注目したいのは、サービス提供体制強化加算の上乗せ区分が設けられたことです。要件としては、介護福祉士の配置割合を引き上げたり、より長い勤続年数を評価したしくみとなっています。

つまり、「頑張って介護福祉士を取ろう」、「長く働き続けよう」という人が増えれば、事業所・施設の報酬がアップするわけです。

これによって、「従事者に頑張ってもらえるだけの処遇を整える」というインセンティブを図ったことになります。

もっとも、人事マネジメントに力を注げるだけの余力があるかが問われるわけで、法人規模に左右されるという課題は残ります。

第4章

Q&Aでわかる
科学的介護に向けたLIFE操作の進め方

Q1 LIFEを活用するには、まず何が必要なの？

A スタートは、「利用申請」を行なうことから

LIFEへの情報提供、およびフィードバックを受けるための手順としては、「ウェブで利用申請」→「事業所にID・パスワード等を記したハガキが届く」→「ハガキに記されたID・パスワードによってLIFEのウェブ・システムにアクセスする」という流れになります。

いずれにしても、LIFEはウェブ・システムによって運用されているので、インターネットに接続できる環境を整えることが前提となります。そのうえで――

①まずは、LIFE（科学的介護情報システム）のホームページにアクセスします。初めて使う場合は、右側の「新規登録」↓次ページの「新規利用」をそれぞれクリックします。

②①で開かれたページで、自事業所・施設の「事業所番号」を入力します。

③「事業所番号」を入力し、「参照」ボタンをクリックすると、サービスを提供している事業所の一覧が表示されます。その中から、ハガキを受けとりたい住所の事業所をチェックします。なお、LIFEのアカウントは1事業所番号ごとに1つとなります。ただし、LIFEへの情報入力については、サービスごとに登録することが可能です。

④③の入力後に「次へ」をクリックすると、利用申請が完了します。

⑤毎月25日までの申請について、翌月の上旬に圧着ハガキが簡易書留で発送されます。

LIFE 活用のためのスタート

LIFE のホームページにアクセスする
https://life.mhlw.go.jp

↓

初めて利用する事業所は…
一番右にある「新規登録」をクリック
→次のページの「新規利用」をクリック

↓

自事業所（施設）の「事業所番号」を入力
→「参照」ボタンをクリック

↓

サービス提供事業所の一覧が表示される
→ハガキを受け取りたい住所の事業所をチェック
→「次へ」をクリック

↓

利用申請完了

↓

毎月25 日までの申請に対して、翌月の上旬に
ID・パスワードを記したハガキが簡易書留で届く

Q2 ＩＤ・パスワードを入手したら、その次に何を？

A 新規利用の前に、まずは「操作マニュアル」をダウンロード

簡易書留で届くハガキには、ＩＤ・パスワードのほか、「起動アイコン」のダウンロード用のＵＲＬ（アドレス）とダウンロード時に必要となるパスワード等の情報が記されています。

これから後は、ハガキに記された情報を使った手続きとなります。

その前に、インターネットにおける基本的な設定や、以後の操作についてのマニュアル（操作マニュアル）を手元に準備しておきましょう。この操作マニュアルは、以下のような手順でｐｄｆファイルとしてダウンロードすることができます。

まず、トップの画面を開いてください。画面の右上の「ＬＩＦＥについて」をクリックし、その中の「導入手順書」と「操作説明書」「ＬＩＦＥ利活用の手引き」をダウンロードします。

このうちの「導入手順書」には、①ＬＩＦＥに2種類のユーザー（管理ユーザーと操作職員）が存在することや、②パソコン等の機材やブラウザ等のソフトウェアについての利用条件、そして、③使用するブラウザでのインターネット・オプションの設定方法が記されています。

この手順書をよく読んでから、操作を始めましょう。

特に③のインターネット・オプションの設定をきちんと行なわないと、せっかく入力した介護サービス利用者の個人情報が消えてしまう可能性もあります。

操作マニュアルをダウンロードして確認

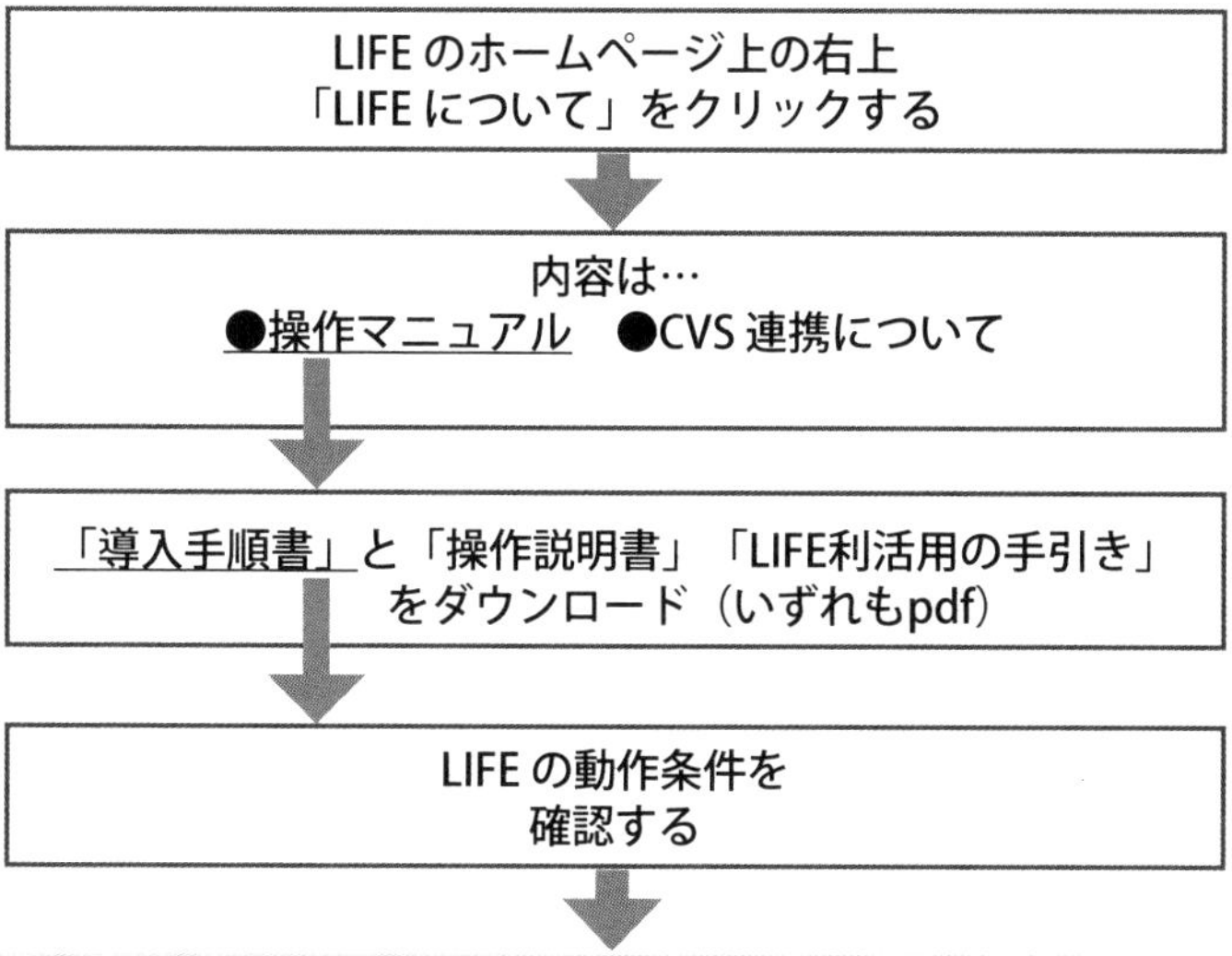
LIFE のホームページ上の右上
「LIFE について」をクリックする
内容は…
●操作マニュアル　●CVS 連携について
「導入手順書」と「操作説明書」「LIFE利活用の手引き」
をダウンロード（いずれもpdf）
LIFE の動作条件を
確認する

利用する機器が以下の条件にかなっているか確認

項　目	確認対象	条　件
機材	パソコン本体	CPU　（1.5GHz以上推奨）
		メモリ　（2GB以上推奨）
	モニタ	1024×768ドット以上推奨
ソフトウェア	OS	Windows 8.1,10 （.NET Framework 4.5以上）
	ブラウザー	Internet Explorer 11,Microsoft Edge ※1
	アプリケーション	Adobe Acrobat Reader DC （※帳票出力のため）
		Microsoft Excel 2010, 2013,2 016
その他		インターネット接続が可能であること

※1…ブラウザはどちらか1つにする。ブラウザを変更すると
　　氏名等の個人情報が表示されなくなるので注意

Q3 準備が整いました。操作を開始したいのですが。

A まずは「管理ユーザー」からLIFEにログインします

LIFEの操作を開始する前に覚えておきたいのは、「①管理ユーザー」と「②現場で操作する職員」という具合にユーザーが分かれてくることです。

①は、操作職員、情報を記録する職員、介護サービス利用者の「管理」を行なうユーザーです。122ページのハガキに記されたIDは、この①のユーザーに配布されたものです。

②は、LIFEへの情報入力を行なうユーザーです。②のユーザーのIDは、①の管理ユーザーによって登録・追加することができます（詳細は、操作説明書を参照）。

まずは、①の管理ユーザーによる操作から始まります。

①のユーザーは、ハガキに記されているダウンロード用アドレスにアクセスします。開かれたページには「起動アイコン」ボタンがあるので、それをクリックし、ハガキに記されたパスワードを入力して「起動アイコン」をダウンロードします。

なお、すでにCHASEやVISITを利用している場合、ダウンロード済みのアイコンをクリックすると「LIFEの起動アイコン」のダウンロードへと誘導されます。

この「起動アイコン」をクリックすると、IDとパスワードを記入する画面となります。ここに、ハガキに記されたID・パスワードを入力してログインボタンを押します。

まずは、管理ユーザー側のログインから

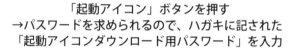

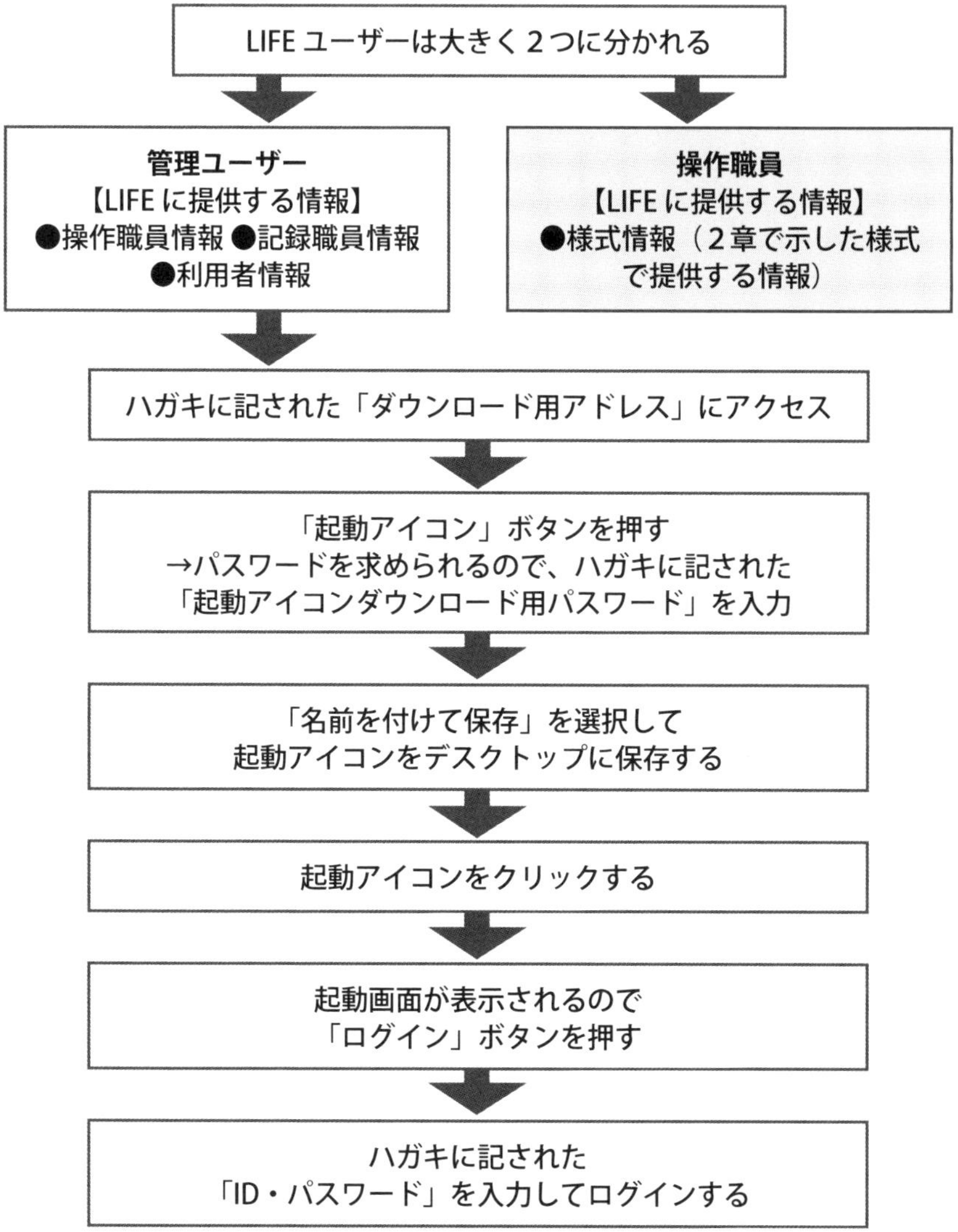
LIFE ユーザーは大きく 2 つに分かれる
管理ユーザー
【LIFE に提供する情報】
●操作職員情報 ●記録職員情報
●利用者情報
操作職員
【LIFE に提供する情報】
●様式情報（2章で示した様式で提供する情報）
ハガキに記された「ダウンロード用アドレス」にアクセス
「起動アイコン」ボタンを押す
→パスワードを求められるので、ハガキに記された
「起動アイコンダウンロード用パスワード」を入力
「名前を付けて保存」を選択して
起動アイコンをデスクトップに保存する
起動アイコンをクリックする
起動画面が表示されるので
「ログイン」ボタンを押す
ハガキに記された
「ID・パスワード」を入力してログインする

Q4 管理ユーザーのトップ画面に。次は何をすれば？

A トップ画面から「操作職員の登録」を行ないましょう

ログインが完了すると、端末登録画面が出ます。管理ユーザーが使用するパソコンを登録するための画面です。ここから端末登録を行ないます（導入手順書を参照）。

登録パソコンが認証されると、端末管理ユーザーのトップ画面が開きます。

この中の「操作職員情報登録更新」を選択します。開いた画面の右下に「新規登録」のボタンがあるので、それをクリックすると「登録」の画面が開きます。

この登録画面の中の「必須」となっている部分の項目を、すべて入力します。

なお、電話番号、メールアドレスを入力することに差し支えがある場合は、「電話番号：０００００００」、「メールアドレス：ａ＠ａ」のように入力します。

入力が終わったら、「登録」ボタンを押し「確認」画面で「ＯＫ」を押すと完了です。

登録が完了すると、操作職員のパスワードが表示されるので、ユーザーＩＤとともに該当職員に伝えます。操作職員は、このＩＤとパスワードでＬＩＦＥ操作を行なうことになります。

これで、操作職員が登録されました。職員情報を変更したい場合は、「操作職員情報登録」をクリックして操作職員情報の一覧を呼びだし、「編集」ボタンから更新操作を行ないます。

操作職員が別の端末で操作を行なう場合には、そのつど端末管理が必要です（図参照）。

管理ユーザーによる「操作職員の登録」

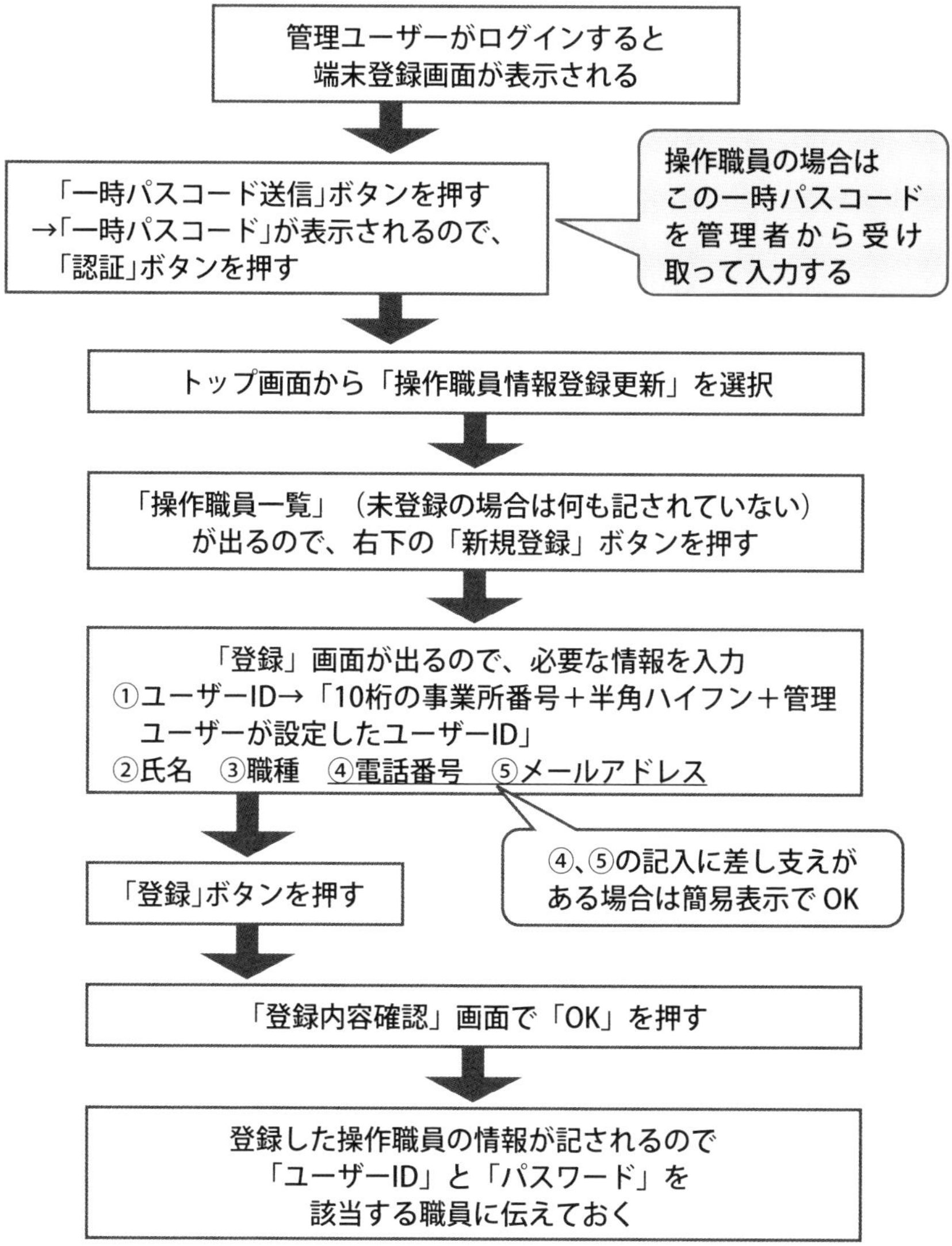
管理ユーザーがログインすると
端末登録画面が表示される
「一時パスコード送信」ボタンを押す
→「一時パスコード」が表示されるので、
「認証」ボタンを押す
操作職員の場合は
この一時パスコード
を管理者から受け
取って入力する
トップ画面から「操作職員情報登録更新」を選択
「操作職員一覧」（未登録の場合は何も記されていない）
が出るので、右下の「新規登録」ボタンを押す
「登録」画面が出るので、必要な情報を入力
①ユーザーID→「10桁の事業所番号＋半角ハイフン＋管理
ユーザーが設定したユーザーID」
②氏名　③職種　④電話番号　⑤メールアドレス
④、⑤の記入に差し支えが
ある場合は簡易表示でOK
「登録」ボタンを押す
「登録内容確認」画面で「OK」を押す
登録した操作職員の情報が記されるので
「ユーザーID」と「パスワード」を
該当する職員に伝えておく

Q5 その他、「管理ユーザー」が登録する内容は？

A 「記録職員」と「利用者情報」の登録を行ないます

管理ユーザーが次に行なうのは、「記録職員」と「利用者情報」の登録です。

このうち「記録職員」というのは、利用者の状態像（ＡＤＬや口腔・栄養状態など）の評価を行なった職員のことです。流れとしては、「記録職員」が記入したＬＩＦＥの様式を「操作職員」に送信し、「操作職員」がその情報をＬＩＦＥに提供することになります。

この「記録職員」を登録するには、管理ユーザーのトップ画面の「記録職員情報登録更新」をクリックします。次の画面が出てくるので、「新規登録」ボタンを押します。

登録画面が出てきたら、ＩＤや氏名、職種、勤続年数などの必須情報を書き込みます。

なお、登録した職員の情報を、一覧から「検索」「編集」することもできます。

一方、「利用者情報」については、やはり管理ユーザーのトップ画面から、「利用者情報登録更新」をクリックしてください。次の画面で「新規登録」ボタンを押します。

登録する情報は次ページの図に示すとおりです。被保険者番号や氏名などプライベートな情報も含まれますが、これらについてはＬＩＦＥに提供されることはありません。

利用者情報については、他のシステムで登録した情報を「ＣＳＶファイル」で取り込むこともできます。管理ユーザーのトップ画面の「外部データの取り込み」から操作してください。

管理ユーザーによる「記録職員」と「利用者情報」の登録

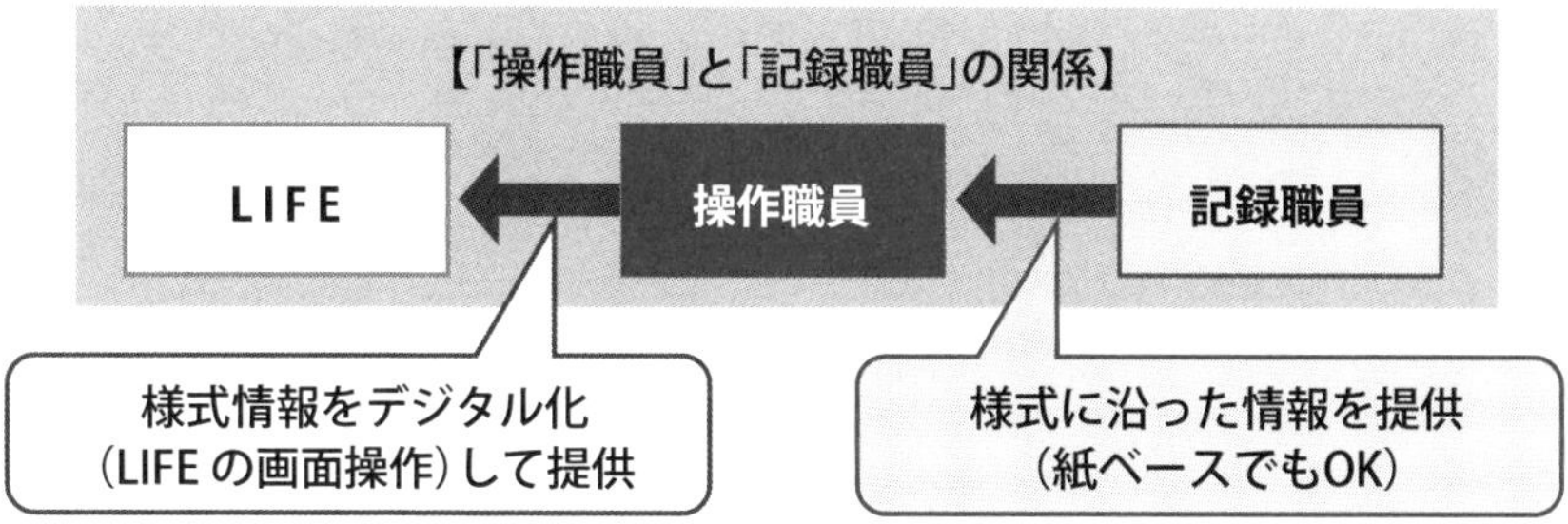
【「操作職員」と「記録職員」の関係】
LIFE
操作職員
記録職員
様式情報をデジタル化
（LIFEの画面操作）して提供
様式に沿った情報を提供
（紙ベースでもOK）

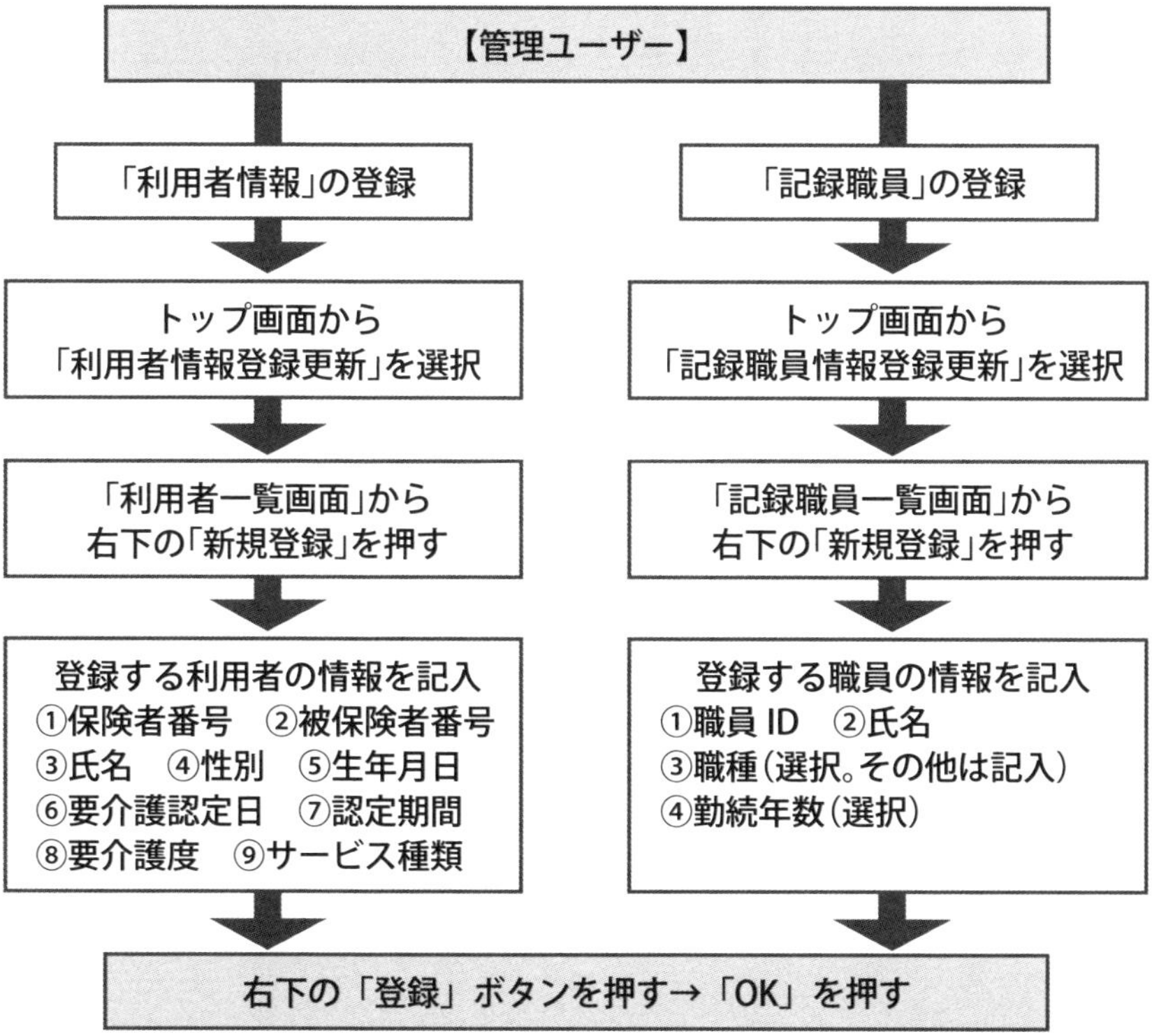
【管理ユーザー】
「利用者情報」の登録
トップ画面から
「利用者情報登録更新」を選択
「利用者一覧画面」から
右下の「新規登録」を押す
登録する利用者の情報を記入
①保険者番号　②被保険者番号
③氏名　④性別　⑤生年月日
⑥要介護認定日　⑦認定期間
⑧要介護度　⑨サービス種類
「記録職員」の登録
トップ画面から
「記録職員情報登録更新」を選択
「記録職員一覧画面」から
右下の「新規登録」を押す
登録する職員の情報を記入
①職員ID　②氏名
③職種（選択。その他は記入）
④勤続年数（選択）
右下の「登録」ボタンを押す→「OK」を押す

Q6 実際にLIFEに情報提供するには、何が必要？

A 管理ユーザーと操作職員が、「様式情報」の登録を行ないます

職員や利用者の情報登録が完了したら、いよいよ「LIFEへの情報提供」に向けた準備にかかります。必要となるのは、「様式情報」の登録です。

この登録作業は、管理ユーザー側の操作→操作職員側の操作という流れで行ないます。

①管理ユーザーが「利用様式」を設定します。トップ画面から「様式情報管理」をクリックしてください。「様式一覧管理」の画面が出ますので、「サービス分類」を選択します。

次に、ケア記録の「様式一覧」が示されるので、右下の「利用様式設定」を押します。

様式一覧の中から、事業所・施設で利用しない様式のチェックを外します。チェックを外した様式は、操作職員側の「様式一覧」画面で「非表示」となります。

②操作職員側の登録作業に移りましょう。操作職員側のトップ画面でも、様式情報管理のボタンがあるので、それをクリックしてください。

すると、やはり「様式一覧管理」の画面となるので、サービス種類を選択します。

ここで、利用者ごとの様式一覧が示されます（リハビリ・マネジメントにかかる様式は、上のほうにある「リハビリ・マネジメントへ」のボタンを押してください）。

この画面上から、利用者ごとの様式を登録・管理することになります。

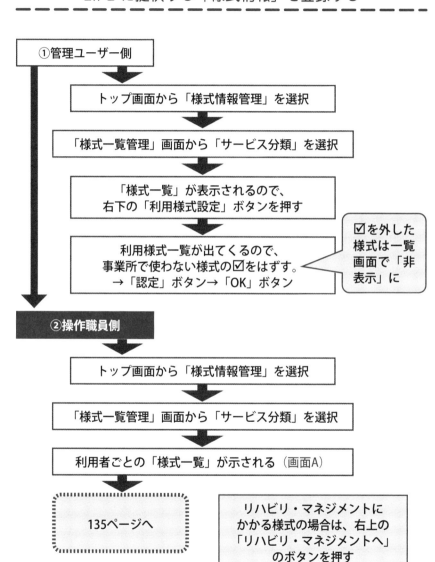

LIFEに提供する「様式情報」を登録する

①管理ユーザー側

トップ画面から「様式情報管理」を選択

「様式一覧管理」画面から「サービス分類」を選択

「様式一覧」が表示されるので、
右下の「利用様式設定」ボタンを押す

利用様式一覧が出てくるので、
事業所で使わない様式の☑をはずす。
→「認定」ボタン→「OK」ボタン

☑を外した様式は一覧画面で「非表示」に

②操作職員側

トップ画面から「様式情報管理」を選択

「様式一覧管理」画面から「サービス分類」を選択

利用者ごとの「様式一覧」が示される（画面A）

135ページへ

リハビリ・マネジメントにかかる様式の場合は、右上の「リハビリ・マネジメントへ」のボタンを押す

Q7 操作職員による利用者情報の管理、具体的には？

A 利用者ごとに様式を登録。作成状況の管理も可能です

操作職員による「様式一覧管理」の画面では、利用者の一覧が出てきます。各利用者のＩＤをクリックすると、その利用者の情報提供に必要な「様式一覧」が示されます。

最初は「空白」状態なので、下の「新規登録」のボタンをクリックしてください。

すると、その利用者についての「様式」ごとの入力画面となります。

この画面上で、様式ごとの情報（２章参照）入力します。入力が完了したら、右下の「登録」ボタンを押します。なお、作成途中で入力を中断する場合は「一時保存」を選択します。

次に「様式情報の登録確認」を求められるので、「ＯＫ」をクリックしてください。

前者の「登録」を選択すると、「様式一覧管理」の画面上で「確定」の青マークが示されます。一方、後者の「一時保存」を選択すると「作成中」の赤マークが示されます。

それぞれに入力した日付も記されるので、利用者ごとの情報入力情報が管理できます。

なお、「後で修正したい」という場合には、利用者の様式情報を呼び出し、右下の「修正」ボタンを選択して修正します。様式をｐｄｆとして出力することもできます。

利用者情報を呼び出すには、「様式一覧管理」の画面で、右上の「利用者情報検索」を選択し、求められる検索条件（利用者名など）を入力して「検索」ボタンを押してください。

利用者ごとに「様式」を登録・管理する

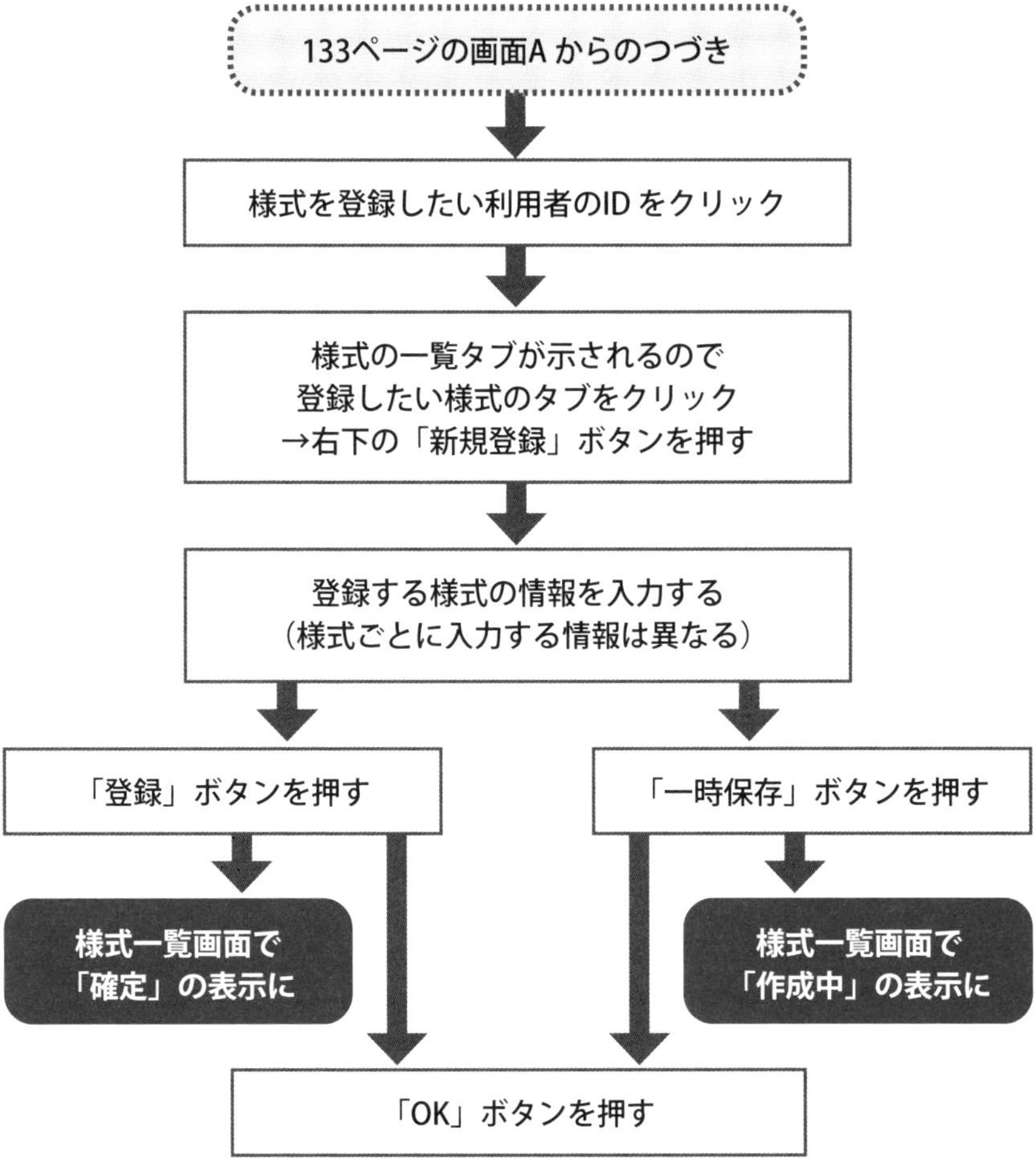
133ページの画面Aからのつづき
様式を登録したい利用者のIDをクリック
様式の一覧タブが示されるので
登録したい様式のタブをクリック
→右下の「新規登録」ボタンを押す
登録する様式の情報を入力する
（様式ごとに入力する情報は異なる）
「登録」ボタンを押す
「一時保存」ボタンを押す
様式一覧画面で
「確定」の表示に
様式一覧画面で
「作成中」の表示に
「OK」ボタンを押す

2回目以降の登録は、
「コピー」ボタンを押し、変更箇所を直すだけで作業を省力化

Q8 記録を他のシステムで入力している場合は？

A 様式情報をCSVファイルから取り込むことができます

ここまでは、ＬＩＦＥの入力フォームからの情報入力について説明しました。ＬＩＦＥでは、もう1つの入力方法があります。それは、他のシステムで入力した情報を「ＬＩＦＥに取り込む」というやり方です。

具体的には、①既存の介護記録ソフト等で記録している情報を「ＣＶＳファイル」形式で出力します。②この出力した「ＣＶＳファイル」をＬＩＦＥの画面操作で取り込みます。

ちなみに、「ＣＶＳファイル」というのは、データを文字列や記号だけでテキスト化したものです。特定のシステムの情報を、他のシステムに取り込むなどの場合に使われます。

介護記録ソフト等からＣＶＳファイルで出力する方法は、各ソフト等の説明書を参照してください（各ＣＶＳファイルがＬＩＦＥのフォーマットに対応していることが必要です）。

やり方ですが、まず操作職員のトップ画面から「外部データ取込」を選択します。画面が変わったら、「参照」ボタンをクリックします。ここで「ＣＶＳファイルの一覧」が表示されるので、取り込むファイルを選択して「開く」をクリックします。

取り込み対象のファイルが表示されるので、確認して「取込」ボタンを押します。なお、管理ユーザー側で対象となる利用者情報が登録されていないと取り込めないので、注意してください。

「様式情報」をCVS ファイルから取り込むには？

注. 介護サービス利用者情報を「CVS ファイル」から
取り込むのは「管理ユーザー」が行なう

↓

操作職員側の操作

↓

トップ画面から「外部データ取込」を選択
→「参照」ボタンを押す

↓

アップロードできるファイルの一覧が示されるので
取り込む「様式情報」のCVS ファイルを選択
※ファイルは複数選択可能（20 ファイルまで）

↓

「開く」ボタンを押す

↓

「外部データ取込ファイル選択」画面となる
→「☑取込済みのステータスを『確定済』にする」

↓ ☑を入れたまま
→「確定」

↓ ☑をはずす
→「作成中」

↓

「取込」ボタン→「OK」ボタンを押す

↓

取り込んだ「CVS ファイル」の一覧が表示される

「エラー」表示となった場合の操作については
「操作説明書」の80 ページ参照

Q9 LIFEからのフィードバックを受けるには？

A 操作職員画面からフィードバックをダウンロードします

ＬＩＦＥは、情報を収集するだけでなく、分析結果を介護現場にフィードバックする機能を有しています。最後に、このフィードバックを受ける方法を確認しましょう。

操作は「操作職員」のトップ画面から行ないます。トップ画面の「フィードバックダウンロード」を選択してください。フィードバックダウンロードの一覧が示されます。

①一覧の中から、フィードバックしたい「対象（ケア記録など）」を選択します。

②フィードバックしたい「種類（個人評価、事業所評価、その他）」を選択します。

③①、②の選択が済んだら、「検索」ボタンを押します。

④フィードバック一覧が絞り込まれるので、ダウンロードしたい項目にチェックを入れます。

①～④の操作の後で「ダウンロード」ボタンを押すと、ブラウザの指示画面が表示されるので「名前をつけて保存」を選択します（ブラウザによって操作が異なることがあります）。

保存したい場所（デスクトップなど）を指定し、「保存」を選択すると、ダウンロードが始まります。ダウンロードはｐｄｆの圧縮データで行なわれます。

なお、操作について不明点等がある場合は、操作説明書の「よくあるお問い合わせ」を参照するか、ＬＩＦＥヘルプデスクまでメールで問い合わせてください。

LIFEからのフィードバックを受ける方法

「操作職員」のトップ画面から
「フィードバックのダウンロード」を選択

↓

「フィードバックダウンロード」画面上のタブから
「対象」の選択する

↓

「フィードバックダウンロード」画面上のタブから
「フィードバック種類」の選択する
（個人評価、事業所評価、すべて、その他）

↓

「検索」ボタンを押す

↓

ダウンロード可能なフィードバックの一覧が表示される
↓
ダウンロードしたいフィードバックを選択
（⦿←チェックを入れる）

↓

ダウンロードボタンを押す
→「名前を付けて保存」（デスクトップ）

コラム5

通所系の新・入浴介助加算（Ⅱ）が指し示すもの

利用者の自立支援というテーマにおいて、居宅系の現場で特に関心の高い改定内容の一つが、通所系の新たな入浴介助加算です。

区分としては新IIとなりますが、考え方としては、「利用者の自宅の浴槽での入浴を可能する（利用者自身のほか、家族やホームヘルパーの介助による実施も含む）」ことを目指したものです。

算定に際しての具体的な要件は以下のとおりです。

まず、通所系サービスの利用者宅を、医師やリハビリ職、介護福祉士などが訪問します。そこで居宅の浴室環境やそこでの利用者の動作状況などを評価し、それを踏まえたうえで、「家での入浴ができること」を目指した（通所での）入浴介助を進めるという具合です。

なお、居宅の浴室環境がネックとなる場合には、上記の評価のもと、浴室の改修等を担当ケアマネジャーなどに助言するとしています。

現場の困惑を受けて、厚労省も疑義解釈を

この改定に対し、現場からはさまざまな困惑の声が上がりました。

たとえば、「浴室を改修しても（家での入浴が）困難な場合は…？」、「そもそも利用者が（新たな出費の生じる）浴室改修などを拒否したら…？」という具合です。家族による介助が難しければ、新規で訪問介護等の利用も必要になりますが、これも大きなハードルです。

これに対し、厚労省から疑義解釈（vol.8）が出されました。

それによれば、「当面の目標」として、通所での入浴の自立を目指すものでもOKとする内容です。つまり、重要なのは「生活行為の自立」であり、「家でできること」にこだわらないとしたわけです。

利用者の居宅での「活動」という視点で自立支援を目指す場合、今後もこうした改定上のドタバタが増えてくるかもしれません。

第5章

Q&Aでわかる 科学的介護が求めるPDCAサイクルの回し方

Q1 科学的介護が求めているPDCAサイクルとは？

A LIFE活用でケアの質の向上を図ることが目的です

今改定の科学的介護に関連した加算では、ＬＩＦＥとの情報連携とともに、現場の体制にかかる要件が示されています。それは、「ＬＩＦＥへの提出情報およびフィードバックされた情報を活用し、ＰＤＣＡサイクルによってサービスの質の管理を行なうこと」です。

ここで示されている「**ＰＤＣＡサイクル**」とは、どのようなしくみを指すのでしょうか。

もちろん、介護業務に就いている人であれば、ＰＤＣＡサイクルの概要はご存じでしょう。「Ｐ」とは「ＰＬＡＮ」、つまり各種介護計画の作成を指します。「Ｄ」とは、計画に基づくケアの実施（ＤＯ）。「Ｃ」とは、ケアの実施内容の評価（ＣＨＥＣＫ）。「Ａ」とは、その評価を行なったうえで改善を図る（ＡＣＴＩＯＮ）ことをそれぞれ指します。

「ＡＣＴＩＯＮ」による改善を通じる中で、当然、最初の「ＰＬＡＮ」は見直されます。そして、再び「ＤＯ」→「ＣＨＥＣＫ」→「ＡＣＴＩＯＮ」へとつながることになります。

この循環を継続的に作っていくことが、ＰＤＣＡサイクルです。

この循環のエンジン役となるのが、「ＣＨＥＣＫ」です。実施したケアを意識的に「評価」する過程がなければ、次につながっていきません。そして、この「ＣＨＥＣＫ」のための手がかりを提供しようというのが、ＬＩＦＥによるデータの位置づけとなります。

介護現場におけるPDCA サイクル

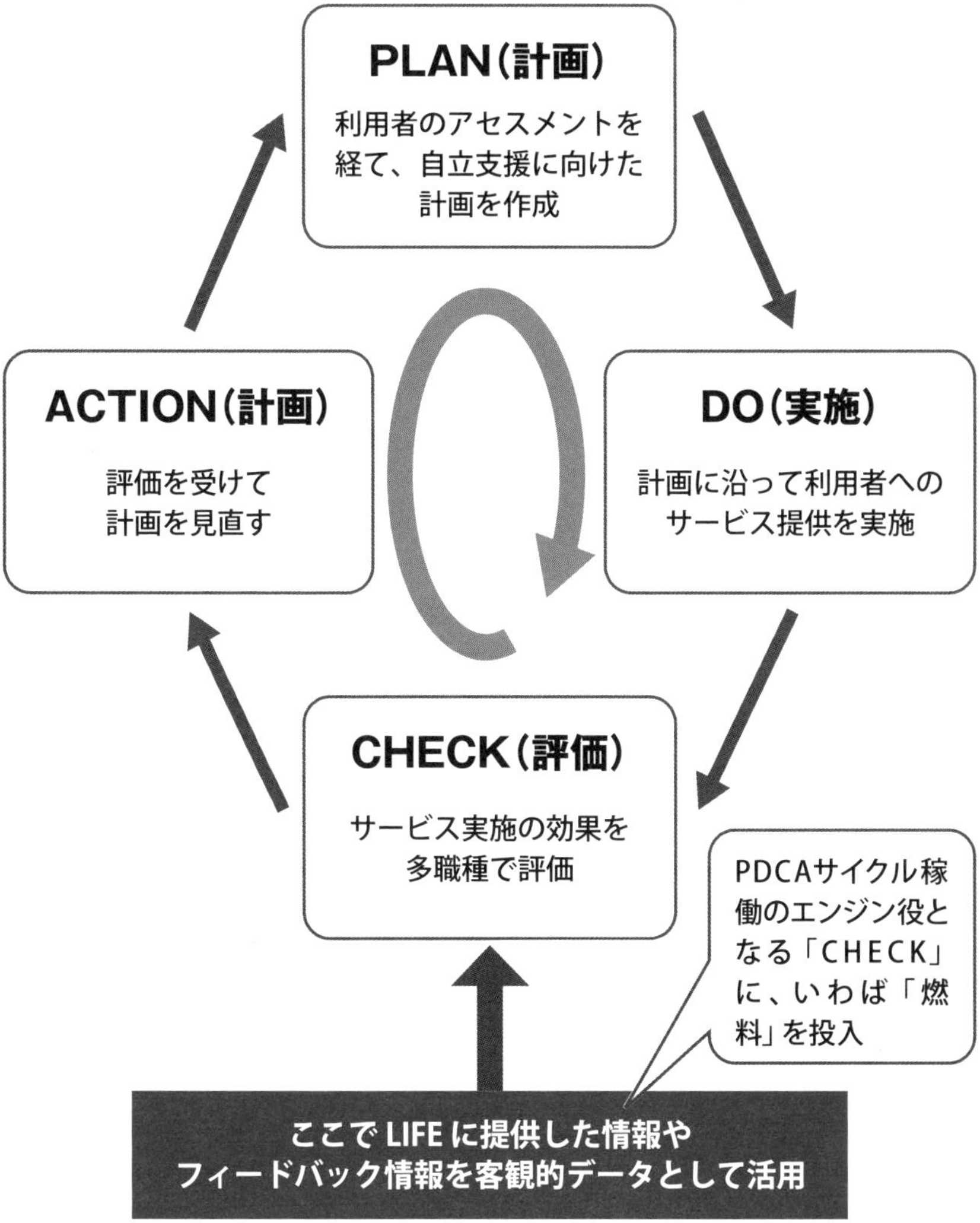

PLAN（計画）
利用者のアセスメントを経て、自立支援に向けた計画を作成
DO（実施）
計画に沿って利用者へのサービス提供を実施
CHECK（評価）
サービス実施の効果を多職種で評価
ACTION（計画）
評価を受けて計画を見直す
PDCAサイクル稼働のエンジン役となる「CHECK」に、いわば「燃料」を投入
ここでLIFEに提供した情報やフィードバック情報を客観的データとして活用

Q2 入口の「PLAN」作成で意識することは？

A 適切な情報収集に基づき、ケアの質を重視すること

入口となるのが、「PLAN（計画）」の作成です。

介護現場では、法令上の基準や加算要件で、さまざまな計画の作成が定められています。ケアプランに始まり、個別サービス計画や、リハビリ、機能訓練、口腔・栄養ケア、認知症ケアなどケアの目的に応じたいくつもの計画があります。

共通するのは何かといえば、利用者一人ひとりの情報を集め、自立支援に向けた課題がどこにあるのかという分析を的確に行なうことです。

この中の情報収集がいい加減であれば、ケアの質の向上に資する計画はできません。いい加減な地図（情報）で航海計画を立てたとして、船員（計画作成者）の判断（課題分析）がどんなに優秀であっても、安全な航海は期待できないでしょう。それと同じことです。

確かな情報収集を行なうためには、「何を、どのように収集するか」という基本がしっかりしていなくてはなりません。利用者と向き合う人によって、「利用者のどんな点に注意を払うか」がバラバラであれば、情報の信頼性は大きく揺らいでしまうでしょう。

その情報収集の質を確かなものにするうえでも、ＬＩＦＥの活用が意味を持ってきます。そのあたりでＬＩＦＥをどう活かすかについては、図を参照してください。

入口となる「PLAN」を確かなものするために

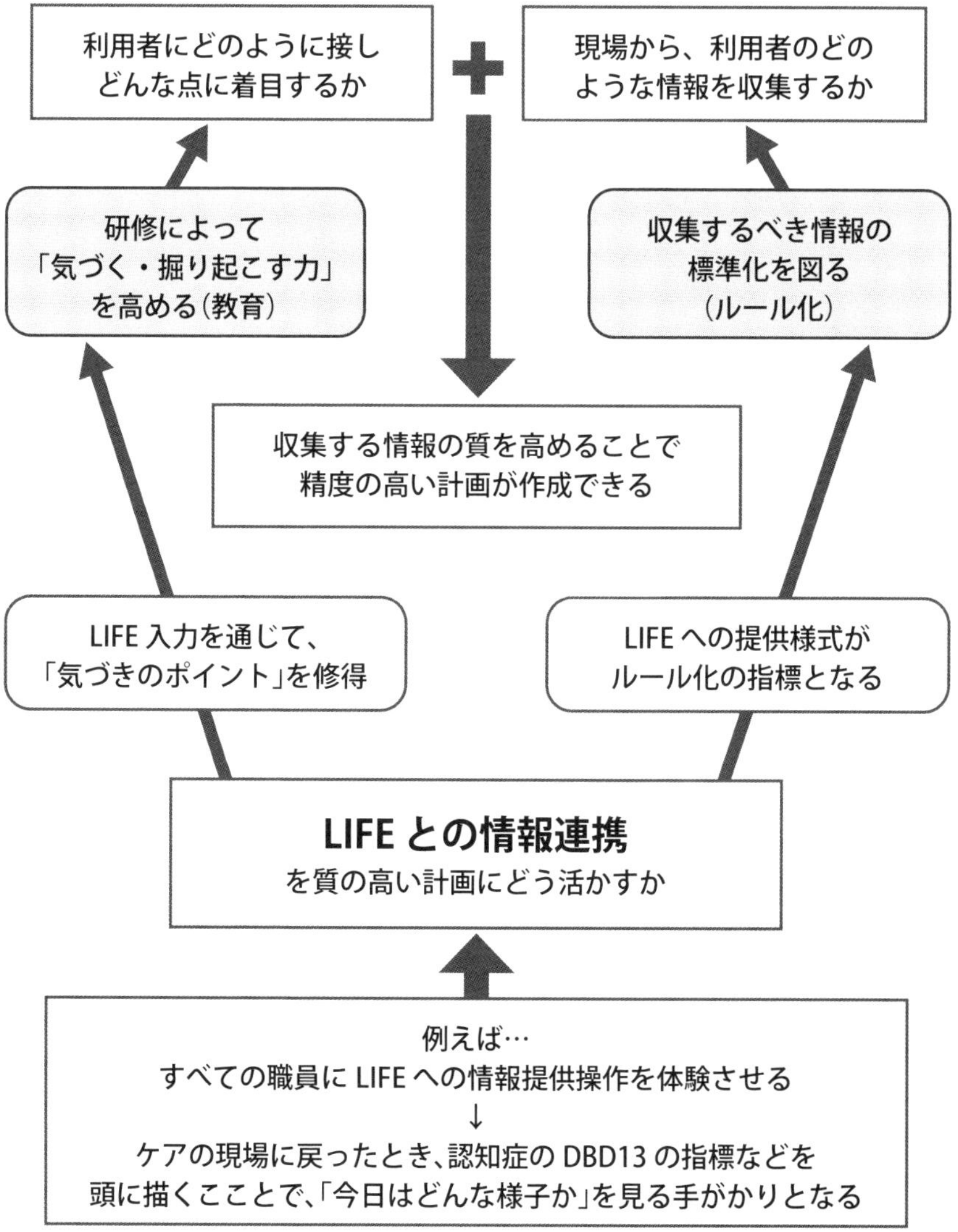
利用者にどのように接し
どんな点に着目するか
＋
現場から、利用者のどの
ような情報を収集するか
研修によって
「気づく・掘り起こす力」
を高める（教育）
収集するべき情報の
標準化を図る
（ルール化）
収集する情報の質を高めることで
精度の高い計画が作成できる
LIFE 入力を通じて、
「気づきのポイント」を修得
LIFE への提供様式が
ルール化の指標となる
LIFE との情報連携
を質の高い計画にどう活かすか
例えば…
すべての職員に LIFE への情報提供操作を体験させる
↓
ケアの現場に戻ったとき、認知症の DBD13 の指標などを
頭に描くことで、「今日はどんな様子か」を見る手がかりとなる

Q3 ケアを実施する（DO）際に考慮すべきことは？

A その人の持てる力と尊厳のあり処にいかに着目するかがポイント

次に、計画に基づいて実際のケアにかかります。何より「利用者の安全」を確保することが大前提ですが、そのうえで意識したいのが自立支援・重度化防止に資するかどうかです。

ひと口に「自立支援・重度化防止」といいますが、これを進めるうえでは大きなポイントが2つあります。1つは、**その人の持てる力を見極めて、さまざまな活動や参加につなげていく**こと。もう1つは、**その人の尊厳が損なわれないようにする**ことです。

たとえば、自分で調理をしていた人が、それを「できなくなった」とします。

しかし、それは「調理」という大きな枠で見ているからであり、その中の行為を分解していくと、中には「できていること」や「すでにしている行為」が見えてくる場合もあります。

ここに着目し、「している行為」を尊重しながら支援を行なうことが、その人の「できること」を損なわずに生活の継続を実現することにつながります。

自分で「している行為」が尊重されるということは、本人にしてみれば「役割」が果たされている状態であり尊厳の保持にもつながります。それによって意欲が高まれば、次のステップへと向けた（今まで見えなかった）新たな課題も見えてくるでしょう。

つまり、ケアに実施にかかる評価の質を上げることにもつながるわけです。

自立支援に資する「DO」を進めるために

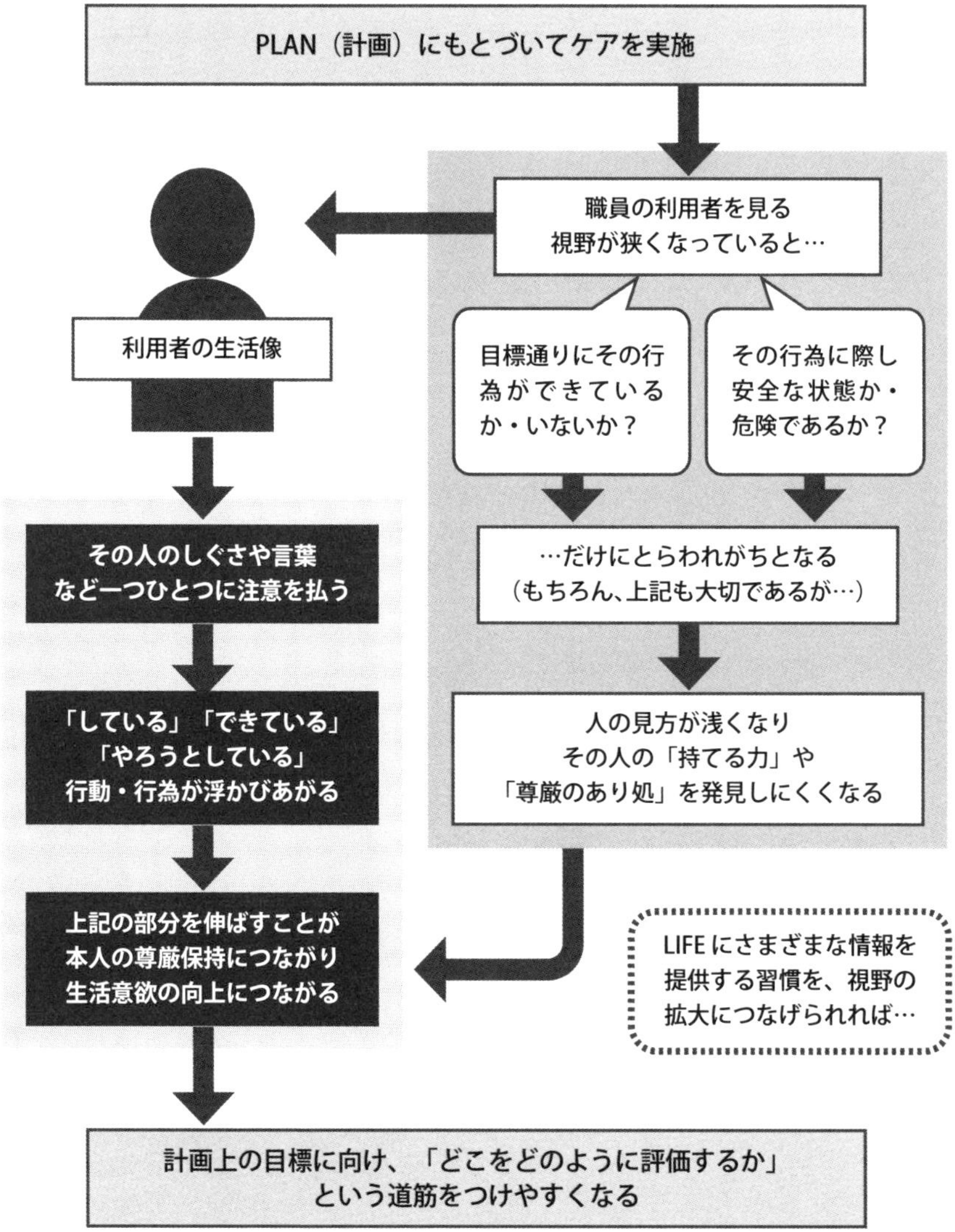

Q4 実施したケアをどうやって評価（CHECK）？①

A 多職種の視点で、今のサービスでいいかどうかを検証する

計画にもとづいてサービス提供（ケアの実施）がなされたら、それが適切であるかどうかを定期的に評価（CHECK）することが必要です。

この場合の「定期的に」というのは、サービスの内容（機能訓練、口腔・栄養にかかるケアなど）にもよりますが、おおむね3か月程度が見込まれます。もちろん、サービス開始から間もない間で状態が変化しやすい場合は、評価の頻度を上げることも必要です。

評価の入口は、設定された目標の達成度合いを測ることです。そのうえで、仮に達成していない場合には、そこにどんな課題があるのかを見極めます。

また、状態の改善が見られても、それによって新たな課題が浮上するかもしれません（例、歩行距離が長くなった場合の疲労や転倒リスクなど）。

そうした点も含めて、改めての課題分析が必要になります。

その際に重要なのは、多職種の視点でチェックすることです。というのは、見た目の状態像は改善しても、他の数値データが別の状況を示していることもあるからです。これを軽視すると、状態改善が進んでいたはずが、その後のリスクの予兆を見逃すことになりかねません。

できる限り、多くの専門職の意見を交わせるカンファレンスなどが求められます。

現場のケアを評価（CHECK）する際に必要なこと

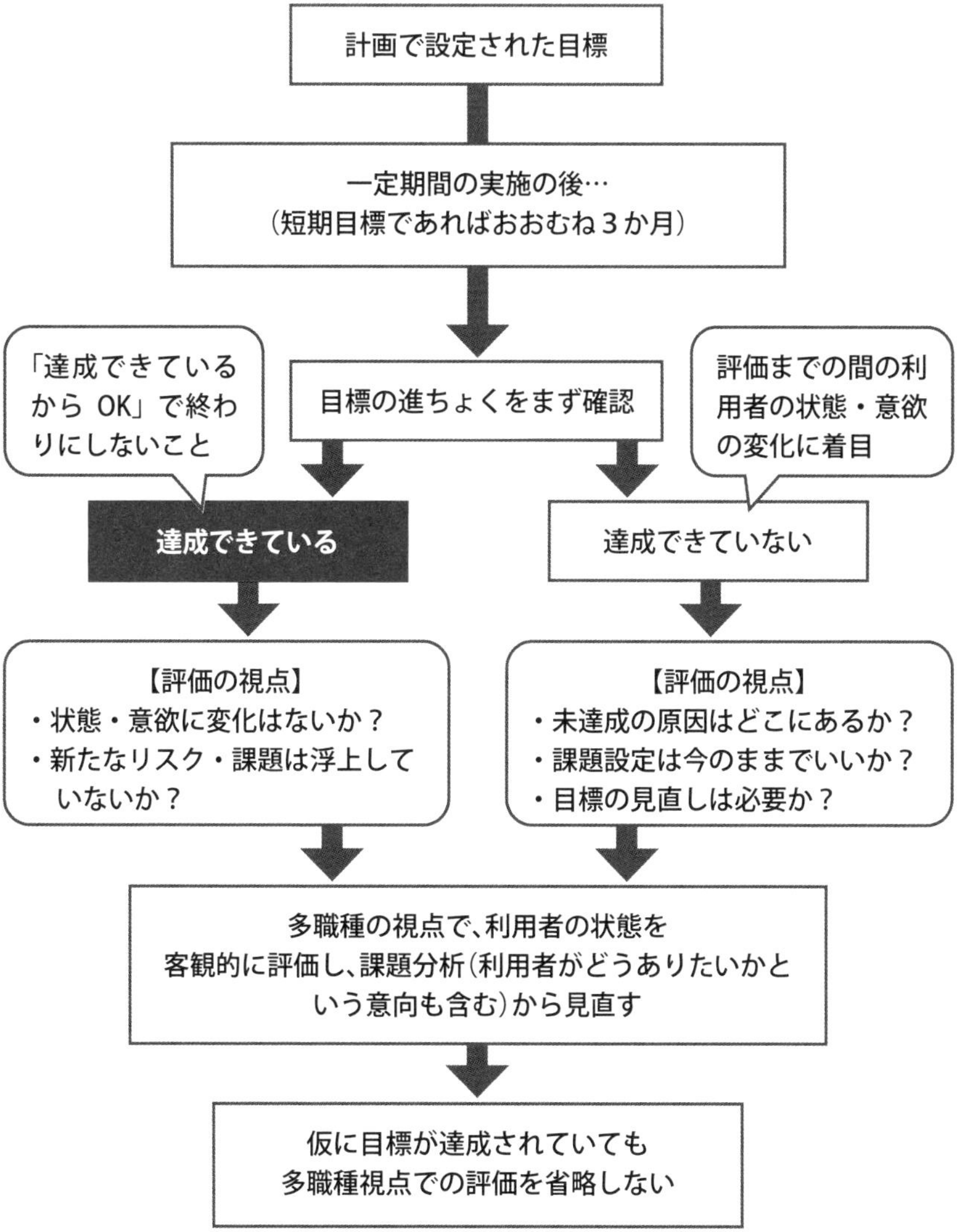
計画で設定された目標
一定期間の実施の後…
（短期目標であればおおむね３か月）
目標の進ちょくをまず確認
「達成できているから OK」で終わりにしないこと
達成できている
【評価の視点】
・状態・意欲に変化はないか？
・新たなリスク・課題は浮上していないか？
評価までの間の利用者の状態・意欲の変化に着目
達成できていない
【評価の視点】
・未達成の原因はどこにあるか？
・課題設定は今のままでいいか？
・目標の見直しは必要か？
多職種の視点で、利用者の状態を客観的に評価し、課題分析（利用者がどうありたいかという意向も含む）から見直す
仮に目標が達成されていても
多職種視点での評価を省略しない

Q5 実施したケアをどうやって評価（CHECK）？②

A 多職種での検証に際して、LIFEの情報を有意に活用したい

さて、多職種によるケアの評価を行なうとして、そこではさまざまな客観的データが必要です。また、時系列で見た場合の数値変化などもチェックすることにより、長い目で見た課題解決の道筋がどうなっているかを見極めることも欠かせません。

ここで活用したいのが、LIFEの情報です。この場合のLIFEの情報は2つに分かれます。1つは、こちらから「**LIFEに提供した情報**」。もう1つは、「**LIFEによって分析され、フィードバックを受けたデータ情報**」です。

前者は、もともと情報として手元にあるわけですが、「LIFEに提供する」という実務を通じて標準化されています。それによって、ケアの前後の数値などを漏れなく比較できます。

後者については、数値が時系列でグラフ化されたり、全国平均などとの比較ができます。つまり、視野を広げることで、「どこに課題があるか」の気づきが得やすくなるわけです。

もちろん、ただ得られたデータを目の前に広げるだけでは意味がありません。**そのデータをどう読み解くのかという、それぞれの専門職の分析力が問われます**（3章参照）。

なお、全国平均との比較もできるわけですから、事業所全体のケアの課題も見えてくることになります。その意味では、管理者や法人トップにとっても重要なデータになります。

評価（CHECK）に際してのLIFEデータの活用

多職種視点での評価
（目標の進ちょくのチェック・
課題の再分析・状態変化の把握）

↑

定期で
LIFEに提供している
利用者データ

直近の評価で、
利用者の状態が
どう変わっているかを
確認する機会となる

→

LIFEからの
フィードバックを受けた
評価・分析データ

提供された情報に
もとづき、利用者の
個人評価や事業所評価が
「見える」化される

↓

●利用者の状態経過はどうなっているか？
→大きな変化があったとして、どのような課題が潜んでいるか？

●事業所全体の利用者状況と全国平均との差は？
→事業所全体での課題が潜んでいないか（体制要因など）

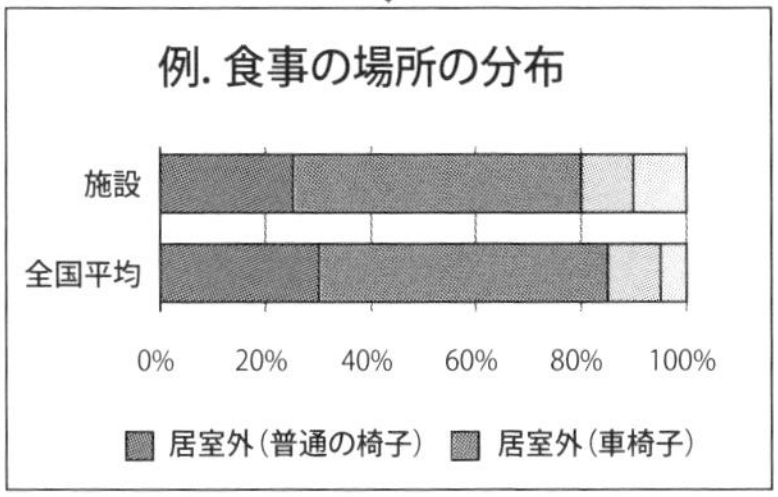
例. 食事の場所の分布
施設
全国平均
0%
20%
40%
60%
80%
100%
居室外（普通の椅子）
居室外（車椅子）

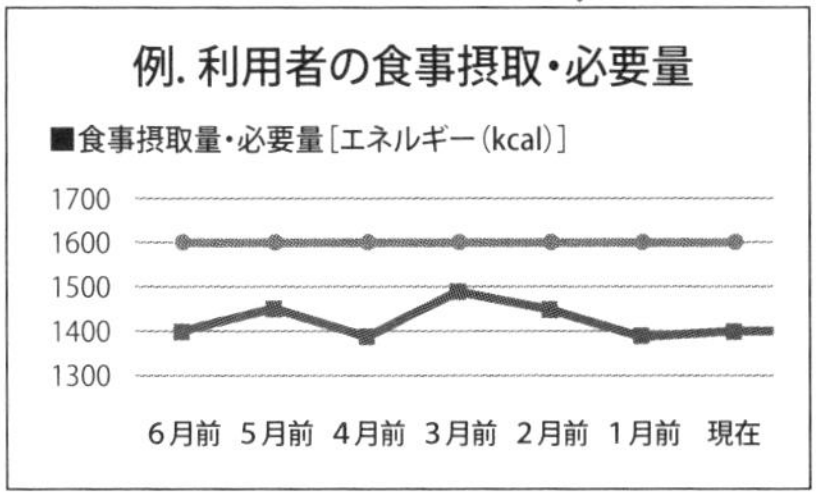
例. 利用者の食事摂取・必要量
■食事摂取量・必要量［エネルギー（kcal）］
1700
1600
1500
1400
1300
6月前
5月前
4月前
3月前
2月前
1月前
現在

Q6 検証から、どのように計画を見直す（ACTION）？

A 重要なのは利用者・家族との十分なコミュニケーション

ＬＩＦＥ等のデータを用いてケアの検証を行なった結果、新たな課題が浮上したとします。そうした課題に対処できるよう、最初の計画を見直すことが必要です。

たとえば、個別機能訓練で設定した目標が、当初の見通し通りに達成できていないとします。こうした訓練というのは、利用者が前向きに取り組めているかどうか（それを左右する心身や環境の要因があるかどうか）が、目標の達成度を左右することはいうまでもありません。

ここで、専門職だけが「あれこれ」と計画内容を操作しても意味はないでしょう。大切なのは、本人・家族の「意思がどうなっているか」ですから、その点に踏み込むことが必要です。

重要になるのは、利用者や家族としっかりコミュニケーションをとることです。

ただし、「うまく進ちょくしていない」という状況だけを示しても、かえって利用者の意欲を削ぐことになりかねません。逆に、目標達成は遠ざかる恐れがあります。

必要なのは、本人や家族との信頼関係を日々築くこと。そのうえで、どのような「困りごと」が浮上しているのかを聞き出すことです。サービス提供側と利用者側の信頼関係ができていれば、「なぜ進ちょくしないのか」の背景にある率直な訴えも聞けるでしょう。

新たな課題把握は、「信頼できるパートナー」としての寄り添いが重要です。

計画の見直し（ACTION）で重要なことは？

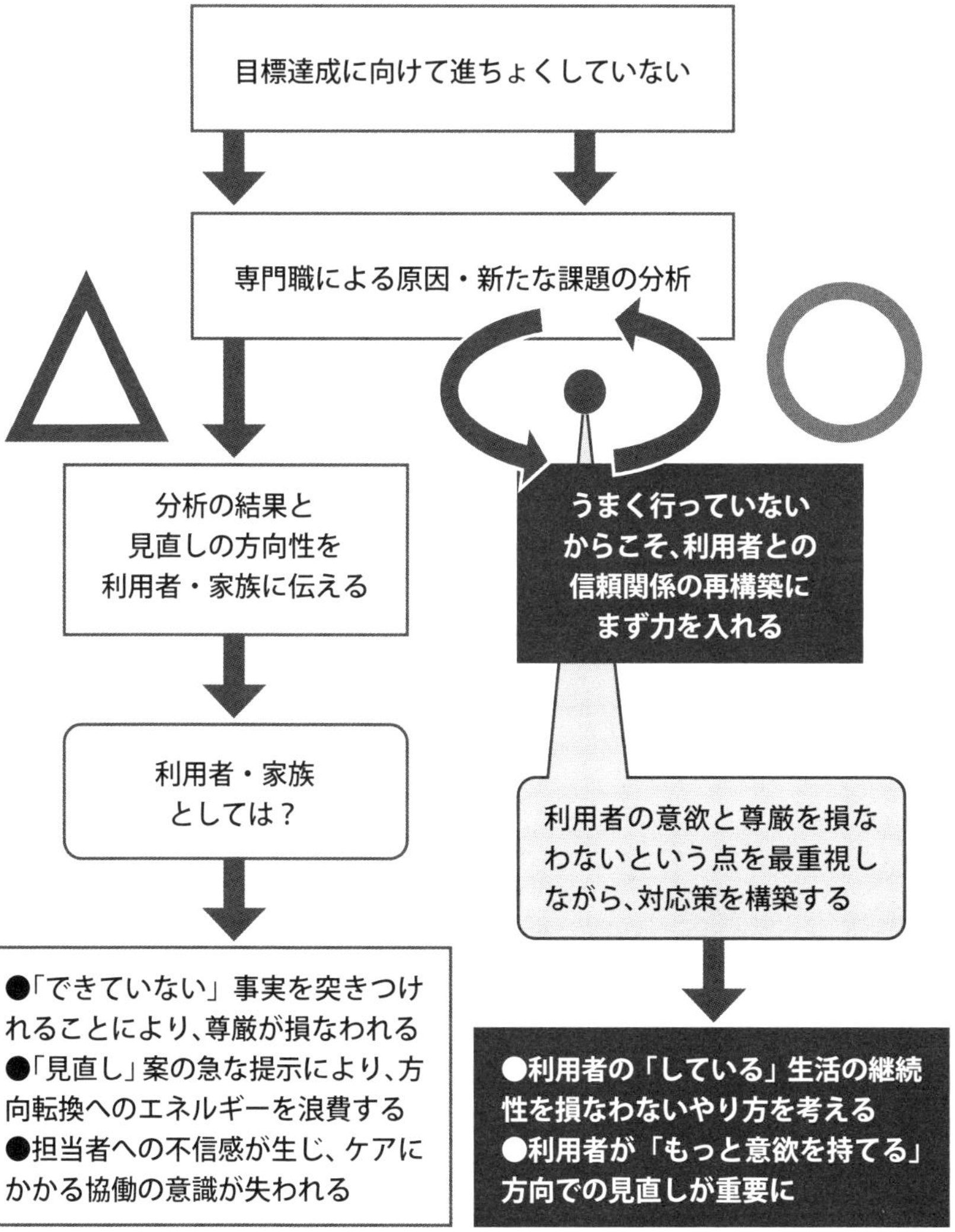
目標達成に向けて進ちょくしていない
専門職による原因・新たな課題の分析
分析の結果と見直しの方向性を利用者・家族に伝える
利用者・家族としては？
●「できていない」事実を突きつけれることにより、尊厳が損なわれる
●「見直し」案の急な提示により、方向転換へのエネルギーを浪費する
●担当者への不信感が生じ、ケアにかかる協働の意識が失われる
うまく行っていないからこそ、利用者との信頼関係の再構築にまず力を入れる
利用者の意欲と尊厳を損なわないという点を最重視しながら、対応策を構築する
●利用者の「している」生活の継続性を損なわないやり方を考える
●利用者が「もっと意欲を持てる」方向での見直しが重要に

Q7 PDCAサイクルの稼働で注意したいことは？

A 自立支援の目的・本質を見失わないようにすることが重要

科学的介護を推進していくうえで、特に注意したいのは、それ自体を「目的」とする思考が生まれてしまうことです。**科学的介護と、そのエンジンとなる「LIFEへの情報提供」や「PDCAサイクルの稼働」は、あくまで「手段」に過ぎません。**

介護における自立支援の目的・本質は、利用者自身が、尊厳をもって主体的に「人生を歩める」ようにするための土台を整えることです。専門職が設定した「目標」が達成できたか否かを測ることだけが、すべてではないわけです。

その点を見失うと、「介護」という職業観が、薄っぺらなものになってしまいます。利用者を人として敬い、「どのような状況に至っても、それはあなたらしさ」であるという人間への根太い肯定感が養えなければ、介護という職業は成り立たないでしょう。

現実の話でいえば、たとえば新型コロナの感染拡大で、マンツーマンの機能訓練などを十分に行なえない環境も生じています。だからといって、利用者の自立支援に向けた取り組みがストップしてしまうわけでありません。しかし、ＰＤＣＡサイクルの稼働が「すべて」になってしまうと、そこで従事者の「目指す地点」が見失われてしまいがちとなります。

困難な時代だからこそ、自立支援の本質に立ち返ることの重要性を現場で共有したいものです。

PDCA サイクルを稼働させるうえでの注意点

「目的」と「手段」を逆転させない
→ 「LIFE への情報提供」も「PDCA サイクル」の稼働も、利用者の「自立支援」に向けた手段に過ぎない

↓

それをする「目的」を明確に
→ 利用者の「自立支援」を目的とするなら…
↓
利用者にとって実感できる「自立支援」とは何かを明確にしそのビジョンをチームで共有
↓↑
PDCA を動かす一方で「自立支援とは何か」というチームディスカッションを習慣化

↓

根太い「人間観」を持たせるための養成機会を継続
→ PDCA を動かす一方で「自立支援とは何か」というチームディスカッションを習慣化

↓

●人にはさまざまな人生観・生活観があり、（著しく反社会的でない限り）すべて尊重されるべきもの
↓
例えば…「利用者の話をとにかくじっくり聞く」（従事者が交代で「話に耳を傾ける時間」を創る）
「事業所・施設内で読書会（人の多様な人生にふれる伝記物が望ましい）を定期で開催する」→若い人には意外と新鮮

↓

この「土台」が整っていてこその「LIFE 操作」であり「PDCA サイクル」

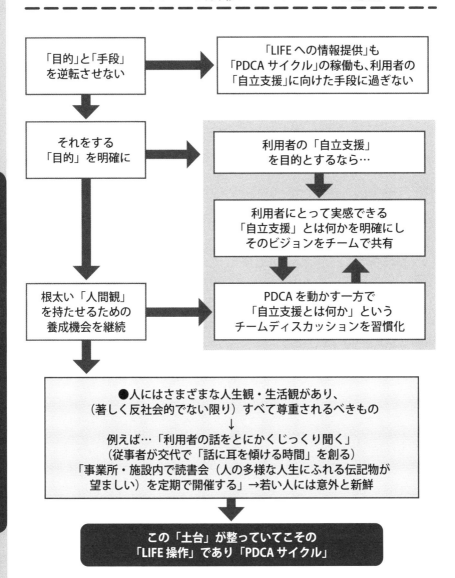

コラム6

新規人材の入職に力を入れた施策が進む中で…

新型コロナの感染拡大によって経済活動が停滞し、産業界全体の有効求人倍率（求職者1人あたりの求人数）が低下しています。その一方で、介護分野の有効求人倍率は高止まりしたままです。

感染対策等の現場負担が増えていることもありますが、依然として介護現場の人材不足が深刻な状況を示しているといえます。

そうした中、厚労省の2021年度予算では、福祉・介護人材確保の推進を図るための新たな施策が設けられました。

それは、他業界で働いていた人などが新規で介護業界を目指す場合、入職に必要となる資金を貸し付けるというものです。貸付額は1人あたり20万円。これを「介護就職支援金貸付事業」といいます。

他業界で培ったスキル等にも着目したい

新規入職に際しては、転居費用や通勤用の自転車・バイクの購入費、子どもの預け先を探す際の活動費など、さまざまな出費も伴います。こうした費用にあてることを想定したものです。

要件は、公的機関での介護職員初任者研修等を修了することなど。その後に2年間介護現場に継続勤務すれば、返済が免除されます。

施策の効果はともかくとして、人材を受入れる側としては、「他業界で培ったスキル」にも着目したいものです。

というのは、科学的介護の推進等で介護現場でのICT活用などが必須となる中、「ITスキルのある介護人材」がますます求められる状況にあるからです。これからの介護業界に必要なスキルについて、今まで以上に幅広い視野で考えることが求められます。

厳しい人材不足の中では、「とにかく人員数を揃える」ことも必要ですが、新しい適材適所のビジョンも描いておくことが欠かせません。

《サービス別索引》

施設系サービス

訪問系

その他

サービス別索引

※３章以降は除く

※療養通所介護、訪問看護、居宅療養管理指導、福祉用具貸与は除く

通所系サービス

小規模多機能型系サービス

居住系サービス

田中　元（たなか・はじめ）
昭和37年群馬県出身。介護福祉ジャーナリスト。
立教大学法学部卒業。出版社勤務後、雑誌・書籍の編集業務を経てフリーに。主に高齢者の自立・介護等をテーマとした取材・執筆、ラジオ・テレビの解説、講演等を精力的に行なっている。
著書には、『【最新版】「相手の気持ちが読み取れる」認知症ケアが実践出できる人材の育て方』『ケアマネ＆介護リーダーのための「多職種連携」がうまくいくルールとマナー』『〈イラスト図解〉後悔しない介護サービスの選び方【10のポイント】』(以上、共にぱる出版刊) など多数ある。

【Q&A】
「科学的介護《かがくてきかいご》」を現場《げんば》で実現《じつげん》する方法《ほうほう》
【2021年度《ど》改正介護保険《かいせいかいごほけん》のポイント早《はや》わかり】

2021年6月18日　初版発行

著　者　田　中　　元
発行者　和　田　智　明
発行所　株式会社　ぱる出版

〒160-0011　東京都新宿区若葉1-9-16
03(3353)2835 — 代表　03(3353)2826 — FAX
03(3353)3679 — 編集
振替　東京 00100-3-131586
印刷・製本　中央精版印刷(株)

ISBN978-4-8272-1286-0　C3036